D1918630

Garth Lean
Arnold Lunn

Christen offensiv

Garth Lean
Arnold Lunn

Christen offensiv

Die Konfrontation mit dem Atheismus

BRUNNEN-VERLAG GMBH · GIESSEN UND BASEL

Titel der englischen Originalausgabe:
CHRISTIAN COUNTER-ATTACK

Aus dem Englischen übersetzt
von Wolfgang Wörner

ISBN 3 7655 0242 1
Umschlag: Robert Eberwein

Gesamtherstellung: Buch- und Offsetdruckerei H. Rathmann, Marburg an der Lahn

INHALT

„Im Grenzland, angesichts des Atheismus, gibt es nun verschiedene Typen. Die einen sind, wie Hitlers Gegner anno achtunddreißig, die „Münchener" zu nennen. Sie räumen jede Stellung, wenn es heißt, das Feld sei bei den Bergen hinten glücklicher zu halten. Diese Art tritt selten als Verteidiger auf. Man kennt sie als die „neuen Theologen". Sie sind so sehr gewillt, von ihrem Feind zu lernen, daß für die Not der Freunde keine Kraft mehr bleibt. Der wahre Apologet jedoch ist der, dem jeder Deich der letzte Graben ist. Er trägt den Kampf ins gegnerische Land; vom eignen gibt er keinen Zipfel preis."

Austin Farrer

CHRISTEN OFFENSIV

Vor wenigen Monaten erschien in einer großen deutschen Tageszeitung ein Artikel über die geplanten weitgehenden Reformen des Sexual- und Eherechts in der Bundesrepublik. Darin stand die Bemerkung, man brauche die Stimme der christlichen Kirchen in Zukunft nicht mehr so wichtig zu nehmen, denn der Einfluß der Kirchen habe in den letzten Jahren, d. h. seit dem Beginn der Diskussion um die Strafrechtsreform, „spürbar nachgelassen".

Das ist ein bitterer Satz für jeden, der das Evangelium liebt und weiß, was es für die menschliche Gesellschaft an Gutem bedeutet hat. Dennoch trifft er die tatsächliche Entwicklung der letzten Jahre. Wodurch kam es zu diesem Nachlassen christlichen Einflusses? Dadurch vielleicht, daß er gar nicht mehr geltend gemacht wird, daß die Christenheit sich nicht mehr zu den zur Debatte stehenden Themen äußert? Ein Berichterstatter schrieb über den Deutschen Juristentag 1968 in Nürnberg, der ganz im Zeichen der „neuen Justiz" stand und die Tore für die kommenden Rechtsreformen öffnete: „Wenn es noch Vertreter einer anderen Geistesrichtung in dieser Versammlung gegeben haben sollte, — so hat man jedenfalls kein Lebenszeichen von ihnen gesehen."

Waren keine Christen mehr da? möchte man fragen. Oder wußten sie selbst nicht mehr, was rechts und links ist? Waren sie durch die innerkirchliche Unsicherheit so gelähmt, daß sie den Mund nicht mehr auftun konnten? Oder was ist der Grund dafür, daß die Christen schweigen? Der Atheismus und seine Anwendungen scheinen überall mühelos das Feld zu beherrschen.

In dieser Situation nehmen Sir Arnold Lunn und Garth Lean die Herausforderung der neuen atheistischen Kultur auf. Sir Arnold Lunn ist nicht nur als Förderer des Skisports und des Alpinismus eine international bekannte Persönlichkeit, sondern gehört darüber hinaus zu den erfolgreichsten Publizisten der englischsprechenden Welt und ist einer der führenden katholischen Laien Großbritanniens. Er hat mit vielen der Koryphäen unseres Jahrhunderts aus Wissenschaft und Weltanschauung öffentliche Debatten über den christlichen Glauben geführt. Mehrere seiner sechzig Bücher sind ins Deutsche übersetzt worden, darunter „Die Berge meiner Jugend" und das Buch über seine Konversion, „Fels der Wahrheit", das viele Auflagen erlebte. Garth Lean ist Jurist und Historiker in Oxford, dessen Bücher aus den letzten Jahren, sowohl die mit Sir Arnold Lunn zusammen als auch die von ihm allein verfaßten, große Auflagen erreichten. Sein Buch über die soziale Bedeutung der Wesleyschen Erweckungsbewegung hat der Brunnen-Verlag unter dem Titel „Modell einer Revolution ohne Gewalt" im Vorjahr deutsch herausgebracht.

Mit „Christen offensiv“, ihrem neuen Buch, rufen die Verfasser nun dazu auf, sich gegen den Vormarsch des Atheismus zur Wehr zu setzen, und beginnen, im Gegenangriff die schwachen Punkte der neuen Weltanschauung aufzudecken. Ihr in England erschienenes Buch beweist, daß die Fronten und Argumente heute in den westlichen Ländern vielfach dieselben sind. Der Übersetzer hat die Darstellung darüber hinaus durch Zeugnisse aus der deutschen Situation vervollständigt. Überall, nicht nur in England, haben wir hinsichtlich der Umformung des Rechts ein ganzes „Liberalisierungspaket“ vor uns. Die Erleichterung der Ehescheidung, jetzt auch, wenn der eine Partner scheidungsunwillig ist, steht auf diesem Programm obenan; die Legalisierung von Pornographie, Abtreibung und Euthanasie sollen folgen. Angesichts dieser Entwicklung ist es nützlich, am Beispiel Englands zu erkennen, was auf uns zukommt und wohin der Weg gehen wird, und beizeiten Überlegungen anzustellen, welche Konsequenzen man ziehen muß.
Das vorliegende Buch bietet aber nicht nur ein außerordentlich reiches, sonst nicht leicht zugängliches Material zur Auseinandersetzung mit dem gegenwärtigen Atheismus, sondern behandelt auch die Methode dieses Kampfes. Es ist selbst ein leidenschaftlicher Gegenangriff gegen die vielfältigen Erscheinungsformen des Glaubens an den „allmächtigen Menschen“, der Gott den Gehorsam aufgesagt hat und die Erde für sich selber haben will. Ihn fordern die Autoren in die Schranken.
Das Buch wirft aber auch noch eine andere Frage auf. Charles de Foucauld, der Sahara-Missionar und Märtyrer, schrieb Anfang des Jahrhunderts über den fortschreitenden Luxus und Leichtsinn, den er bei einem Besuch in Europa beobachtete: „Die Gefahr ist in *uns* und nicht in unseren Feinden. Unsere Feinde können uns höchstens zu Siegen verhelfen.“ Ebenso müssen wir sagen: Der Atheismus ist in uns, nicht nur um uns herum; und die Kompromisse der schweigenden Mehrheit sind schlimmer als das Geschrei der Radikalen, die versuchen, ein entstandenes Vakuum an Glauben auszufüllen. Hier liegt unsere erste Aufgabe. Es geht darum, „Gerechte in der Stadt zu haben“, wie sie Sodom und Gomorra hätten retten können. „Wer weiß, vielleicht gereut es Gott doch noch, und er läßt ab von seinem grimmigen Zorn, daß wir nicht untergehen“, sagten die Niniviten und wendeten ihr Geschick.

Ein Volk lebt von den Heiligen, die unter ihm sind. Das Schicksal unserer Völker ist proportional abhängig vom Vorhandensein von Menschen, die in einer festen Verbindung mit Christus leben, auf ihn hören, seinen Willen tun und so in ihrer Zeit und ihrem Land selber etwas von der Salzwirkung ausüben, die Jesus für die ganze Menschheitsgeschichte hat.

Klaus Bockmühl

EINFÜHRUNG

Bedeutende Männer aus ganz verschiedenen weltanschaulichen Lagern haben den auffallenden Rückgang christlichen Einflusses in den letzten Jahren darauf zurückgeführt, daß die Christen den Mut verloren hätten. Ein schlagendes Beispiel dafür ist die offenbare Meinung vieler Christen, das einzige, worüber man nicht streiten dürfe, sei der christliche Glaube selbst. Weder eine politische Partei noch ein Geschäftsunternehmen könnten sich je eine so merkwürdige Auffassung leisten.

Der christliche Glaube eroberte die römische Welt, gerade weil seine Botschafter nicht nur bereit waren, notfalls für ihren Glauben zu sterben, sondern auch mit aller Leidenschaft die Menschen zu überzeugen suchten, Jesus von Nazareth habe seine Gottheit darin bewiesen, daß er von den Toten auferstand. Ebenso haben die Kommunisten in unseren Tagen deshalb einen großen Teil des Erdballs erobert, weil die Mehrzahl von ihnen in der ganzen Welt jede Gelegenheit benutzt, jedermann den Standpunkt des Kommunismus auseinanderzusetzen. Die Theorie, man schade seiner Sache, wenn man sie vertritt, blieb den modernen Christen vorbehalten.

Diese Theorie ist freilich nicht neu. John Wesley schreibt einmal in seinem Tagebuch, wie er während einer Reise den Rat solcher Theoretiker befolgte. „Zwei Tage lang", schreibt er, „machte ich das Experiment, das man mir oft, ernsthaft und aufdringlich angeraten hatte: mit niemand über Gottes Auftrag zu reden, es sei denn, mein Herz sei ‚frei' dafür. Aber was geschah? Folgendes: 1. daß ich achtzig Meilen weit mit überhaupt niemandem sprach, nicht einmal mit dem einzigen andern Reisenden in der Kutsche, außer ein paar belanglosen Redensarten am Anfang; 2. daß ich weder ein Kreuz zu tragen noch eins auf mich zu nehmen hatte, und daß ich schon nach ein oder zwei Stunden fest einschlief; 3. daß man mir überall die Achtung bezeugte, die einem so angenehmen und gemütlichen Herrn gebührt. Ja, das gefällt unserem alten Adam. Aber mußte man Land und Meer durchziehen, um die Menschen zu einer solchen Haltung zu bekehren?"

Wie in den Tagen Wesleys ist die Welt heute gern bereit, einen Christen zu dulden, der zufrieden ist, sich, sooft er aus seinem christlichen Ghetto herauskommt, als umgänglichen und gemütlichen Herrn zu geben und der zu höflich ist, die grundsätzlichen Unterschiede zwischen seinem Glauben und den Meinungen seiner weltlichen Freunde auch nur zu berühren. Und weil viele, wenn auch keineswegs alle Christen stillschweigend diese eigentümliche Haltung angenommen haben, wird jegliche Verteidigung des Christentums gegenüber Nichtchristen als ungehörig angesehen, während es als selbstverständlich gilt, daß die Gegner des Christentums energisch ihre antichristliche Propaganda betreiben.

Viele Menschen, auch die beiden Verfasser dieses Buches, haben in ihrem eigenen Leben die Erfahrung gemacht, daß jeder Christ, der einem Gespräch über den christlichen Glauben nicht aus dem Wege geht, alsbald eine überraschende Zahl von Menschen findet, die mit ihm darüber sprechen wollen. Einige, weil sie ehrlich daran interessiert sind, einen faktischen Beweis für die Welt Gottes zu finden; andere in der Hoffnung, daß der Glaube, mit dem sie es versuchen wollen, ihnen eine Antwort auf ihre persönlichen Schwierigkeiten oder auf die Probleme der Gesellschaft geben könne.

In diesem Zusammenhang muß etwas gesagt werden, worauf wir später noch zurückkommen werden. Es gibt kein einzelnes Allheilmittel gegen den Niedergang des Christentums. Viele Menschen sind durch das Beispiel von Christen bekehrt worden, deren geheiligtes Leben und deren hingebungsvolle Fürsorge für die Armen und Zukurzgekommenen in der Welt lauter redeten als Worte. Die Christenheit ist den ungezählten Christen, die einen solchen stillen Dienst tun, der wenig oder gar keine Aufmerksamkeit auf sich zieht, unermeßlichen Dank schuldig. Wir sind uns dessen wohl bewußt; gleichwohl glauben wir, daß eine Erneuerung der gegenwärtigen Christenheit unmöglich ist ohne eine starke Zunahme der Zahl direkt missionarischer Menschen. Denn wir leben im Westen in Ländern, die im wesentlichen schon wieder Missionsgebiet geworden sind.

Wir beide — Arnold Lunn als Katholik, Garth Lean als anglikanischer Protestant — sind davon überzeugt, daß die uns gemeinsamen Glaubensinhalte weitaus wichtiger sind als das, was uns trennt, und daß die Dinge, in denen wir uns unterscheiden, unwichtig sind verglichen mit dem Unterschied zwischen den Christen, die bemüht sind, Menschen nach dem Bilde Christi zu verändern, und denjenigen, denen es hauptsächlich darum geht, das Christentum so zu verändern, daß es für die Welt annehmbar wird.

In diesem Buch untersuchen wir kurz die Stellung des Christentums in der heutigen Welt. Wir zeigen, daß die Atheisten des ausgehenden 19. Jahrhunderts, die glaubten, man könne christliche Moral auch ohne das christliche Glaubensbekenntnis haben, durch die Ereignisse ins Unrecht gesetzt wurden. Wer heute sieht, wie die Aushöhlung dieser Sittlichkeit eine gefühlsrohe und gewalttätige Gesellschaft zur Folge hat, dem legt sich der Schluß nahe, daß eine Erneuerung der Christenheit notwendig ist, wenn die Gesellschaft erneuert werden oder die Zivilisation überleben soll. Das aber ist unmöglich, wenn, was viele behaupten, die Existenz eines persönlichen Gottes durch die Wissenschaft widerlegt oder der christliche Glaube als unwahr erwiesen ist.

Arnold Lunn zeigt in zwei Kapiteln, warum beide Thesen vernunftwidrig sind, und beschreibt in einem dritten aufgrund seiner langjährigen Erfahrung als christlicher Apologet die Wege, auf denen so fernstehende Menschen wie der verstorbene Professor Joad und der Kommunist Louis Budenz zum christlichen Glauben fanden. Garth Lean umreißt in den von ihm verfaßten Kapiteln einen Weg zum Glauben als Experiment, der Tausende zu einer Erfahrung von der Wirklichkeit des Christentums geführt hat. Er beschreibt, was er für die wesentliche Vorbedingung jeder größeren Erweckung hält. Während jeder von uns beiden nur für diejenigen Teile des Buches voll verantwortlich ist, für die er persönlich zeichnet, befinden wir uns doch in denjenigen Kapiteln, die vom Partner verfaßt sind, in weitgehender Übereinstimmung mit dessen Methode. Jeder nimmt seine Beispiele aus seiner eigenen Erfahrung, wobei er sich voll bewußt ist, daß andere nicht weniger sachdienliche Beispiele anführen könnten.

Wir glauben nicht, daß die gegenwärtigen Versuche der Erneuerung der Kirchen durch einen ökumenischen Zusammenschluß oder eine Umgestaltung der kirchlichen Organisation, so notwendig sie auch sein mögen, die erwünschte Wirkung haben werden. Der britische Soziologe Bryan Wilson bezeichnet die ökumenische Bewegung als ein Zeichen der Schwäche des Christentums. „Da man mit der Bekehrung der Gesellschaft nicht vorankommt", schreibt er, „möchte die Kirche wenigstens einen Anschein von Erfolg dadurch gewinnen, daß man sich wechselseitig bekehrt. Wenn schon keine Menschen gerettet werden, wenn Gott immer weniger respektiert wird und die menschliche Gesellschaft unerlöst bleibt, möchte wenigstens die Kirche erlöst werden, und die Geistlichkeit möchte das verlorengegangene Ansehen wiedergewinnen."

Wir setzen unsere Hoffnung vielmehr auf eine mutige Zusammenarbeit aller Christen, die die Schlacht mitten in das materialistische Lager tragen und die Umwandlung einer großen Zahl Menschen erwarten, durch die auch die soziale, nationale und internationale Lage beeinflußt würde. — „Liebe die Menschen! Zerstöre die Irrtümer!" schrieb Augustinus. Die Einheit der Christen darf sich nicht nur im gemeinsamen Beten, sondern muß sich auch im gemeinsamen Kämpfen zeigen.

Einige Theologen, unter ihnen der bekannte ehemalige Pfarrer von Woolwich, Nicholas Stacey, vertreten heute die Auffassung, daß nur „ein großes Abreißen kirchlicher Strukturen parallel zu dem gegenwärtigen theologischen Striptease“ zu einer Erneuerung der Kirche führen könne. Es spricht in der Tat vieles dafür, daß wir beweglichere Methoden zur Gewinnung von Menschen finden müssen und unsere Kraft nicht in der Unterhaltung der Gebäude und des bürokratischen Rahmens erschöpfen dürfen. Aber es ist sehr fraglich, ob die Voraussetzung, von der aus Rev. Stacey redet — seine Erfolglosigkeit als Hauptpfarrer von Woolwich, wo er und „eine der größten und fähigsten geistlichen Mannschaften in England jede Karte ausspielte“ und „im wesentlichen kein einziges der bescheidenen Ziele erreichte, die wir uns als Erfolg erhofften“ —, den richtigen Ausgangspunkt für die Strategie einer erneuerten Kirche darstellt. „Es sind die tätigsten und anstrengendsten Jahre meines Lebens gewesen“, schrieb er in seinem vielbesprochenen Artikel „Fehlschlag einer Mission“. „Wir haben gelacht und gelegentlich auch geweint. Wir haben versucht zu beten und zu lieben. Wir waren unverschämt wie Reklamefachleute — in den Anfängen zog ich eine Schönheitskönigin auf einem Gemüsekarren durch die Hauptgeschäftsstraße . . . Wir haben ein Vermögen zusammengetrommelt und es wieder verschwendet. Wir haben ganz offensichtlich versagt.“ Nicholas Stacey mag jede Karte *seines* Spiels gespielt haben, aber man hat das Gefühl, er hätte einmal ein ganz anderes Spiel benutzen sollen, bevor er sich zum Oxforder Hilfswerk, einer ausgezeichneten, aber wesentlich säkularen Körperschaft, absetzte.

Christen lassen sich gern bei solch guten Unternehmungen sehen, die auch unsere weltliche Gesellschaft billigt, zum Beispiel der Kritik am Rassismus. Doch viel zu selten trotzen wir der Mode, indem wir gegen die Christenverfolgung hinter dem Eisernen Vorhang protestieren oder uns dem Aufstand gegen das christliche Ethos widersetzen.

Eingeschüchterte Christen geben sich, durch eine Art demokratischen Maßstab für die Wahrheit beeinflußt, auch gelegentlich der Täuschung hin, daß der Absolutheitsanspruch des christlichen Glaubens schon deshalb erledigt sei, weil die Christenheit in den Ländern, die einst christlich waren, nicht mehr die Mehrheit hat. Wir müßten vielmehr jetzt deutlich machen, wie sehr die *Folgen* einer Ablehnung des christlichen Glaubens bereits beginnen, einen indirekten Beweis *für* denselben zu liefern.

Kierkegaard schrieb einmal: „Nur dadurch, daß man das Christentum aus

Europa entfernt, könnte man die Menschen von seinem Wert überzeugen." Ein wirkungsvoller Gegenangriff gegen den Säkularismus kann nicht übersehen, daß nüchterne, realistisch denkende Christen die Folgen der Gottesleugnung voraussahen, im Gegensatz zu dem begeisterten Atheisten Herbert Spencer, der meinte: „Fortschritt ist kein Zufall, sondern eine Notwendigkeit. Das Böse und die Unmoral müssen verschwinden. Es ist klar, daß der Mensch vollkommen werden muß!" Dagegen halte man folgende Statistik: Vor 66 Jahren kamen in England auf je 100 000 Köpfe der Bevölkerung 250 Straftaten, im letzten Jahr 2374.[1]

Herbert Spencers Gefolgsleute würden freilich nicht zugeben, daß diese zehnfache Zunahme der Kriminalität seit ihrer Proklamation der unvermeidlichen Vervollkommnung der Menschheit auf die Ablehnung des Christentums zurückzuführen sei. Und doch hängt diese Tatsache mit der zunehmenden Verweltlichung der Gesellschaft zusammen.

In der Einleitung zu seiner „Geschichte des modernen Denkens" schrieb Professor J. B. Bury im Jahre 1913, kurz vor dem Ersten Weltkrieg: „Die Auseinandersetzung zwischen Vernunft und Macht ist, wie es scheint, mit einem entscheidenden und dauerhaften Sieg für die Freiheit beendet worden. In den zivilisierten und fortschrittlichen Ländern wird die Meinungsfreiheit als grundlegender politischer Leitsatz anerkannt." Niemand von denen, die die naive Einbildung dieses Professors teilten, hätte es auch nur für möglich gehalten, daß Deutschland, das damals „zivilisiert und fortschrittlich" war, sich jemals zu einer Diktatur entwickeln könnte. Viele von ihnen begrüßten Sowjetrußland, wie es aus dem Ersten Weltkrieg hervorging, als einen großen Fortschritt gegenüber dem zaristischen Rußland. Keiner der Fortschrittler von 1913 sah voraus, daß im „fortschrittlichen" zwanzigsten Jahrhundert mehr Menschen wegen abweichender politischer Auffassungen oder „falscher" rassischer Herkunft liquidiert werden würden, als es je in einem früheren Jahrhundert wegen religiöser Ketzereien geschah.

Die christliche Apologetik hat auch nur in sehr kläglicher Weise von den Resultaten Gebrauch gemacht, die die Einführung des Atheismus als Staatsphilosophie in Rußland zur Folge hatte. Katholiken ärgern sich heute, um nur ein Beispiel zu nennen, über die Inquisition und den Fall Galilei. Indessen wurde kein Wissenschaftler je durch die Kirche wegen seiner wissenschaftlichen Theorien hingerichtet. In Rußland dagegen wurden nicht wenige Wissenschaftler ins Gefängnis geworfen und einige liquidiert, nur weil sie

Stalins Lehrsätze über die atheistische Entwicklungslehre nicht übernahmen. Die dogmatische Gottlosigkeit hat ihren großen Tag gehabt. Ihr Nachfolger ist der Nihilismus. Er liefert billige Schlagzeilen. Daß Studenten die unentgeltliche Verteilung von Empfängnisverhütungsmitteln und die Abschaffung von Universitätsexamina gefordert haben, ist nicht besonders beunruhigend; Übertreibungen sind kennzeichnend für die Jugend. Eine Gruppe Studenten im ersten Semester möchte sich allenfalls noch an dem Bierwitz erbauen, man solle doch einen akademischen Titel wie den „Magister der freien Künste" in einen der „Liebeskunst" umfunktionieren. Aber beunruhigend ist es, wenn über solche Albernheiten in verantwortlichen Zeitschriften ernsthaft berichtet wird.

Wirklicher christlicher Glaube liefert freilich keine Schlagzeilen. Er reagiert schweigend und mit Widerwillen auf den aufwendig propagierten Unsinn sogenannter „fortschrittlicher" Geistlicher, die versuchen, mit der modernen Welt handelseinig zu werden.

Wir sind fertig mit dem Leisetreten innerhalb der Christenheit. Wir glauben vielmehr, daß es bereits eine starke potentielle Front für eine kompromißlose Offensive gegen die offene oder versteckte Gottlosigkeit gibt, die die westliche Welt zerstört.

Garth Lean

Arnold Lunn

ERSTER TEIL:
DER RÜCKZUG VOM CHRISTENTUM

DIE CHRISTENHEIT IN DER KRISE

Der Begründer und erste Generaldirektor des Britischen Rundfunks, Lord Reith, wurde vor kurzem im Fernsehen gefragt, woher er „die Gewißheit und das Selbstvertrauen“ genommen habe, eine so „unglaubliche Autorität“ auszuüben, wie sie dieses Amt mit sich bringt. Er erwiderte: „Ich hatte das Gefühl, ich könnte mit der Hilfe des Allmächtigen — das sage ich in vollem Ernst — alles tun, was notwendig war. Ich würde sagen, der allmächtige Gott war dabei, als ich diese Arbeit übernahm und als ich sie durchführte.“ Ein paar Tage zuvor hatte Dr. Edmund Leach, prominenter Wissenschaftler in Cambridge, in einer nach demselben Lord Reith benannten Vortragsreihe erklärt: „Menschen sind wie Götter geworden und müssen sich auch so verhalten.“

Der scharfe Gegensatz zwischen dem Vertrauen auf den allmächtigen Gott und dem Vertrauen auf den allmächtigen Menschen umschreibt vielleicht den grundlegenden Unterschied zwischen der Welt vor sechzig Jahren und der Welt von heute. Man mag fragen, ob Lord Reiths Vertrauen in erster Linie Gott galt oder ihm selbst. Umgekehrt wäre denkbar, daß sich Dr. Leach der Überlegenheit des Menschen weniger sicher ist, als seine Worte vermuten lassen. Aber die Tatsache bleibt bestehen, daß es vor sechzig Jahren, als Lord Reith in einem Pfarrhause heranwuchs, noch intellektuell respektabel war zu glauben, daß Gott größere Weisheit habe als der Mensch und daß er in die menschlichen Angelegenheiten eingreifen könne. Heute ist es modisch anzunehmen, daß der Mensch „mündig“ geworden ist und sich sehr gut allein zurechtfinden kann. Die intellektuelle Avantgarde nimmt an, daß Gott tot ist, und wenigstens eine Richtung der Theologie scheint ihr zuzustimmen.

Dieser Wechsel in der intellektuellen Mode hat dazu geführt, daß viele sich fragen, ob die Christenheit noch fähig ist zu einer Erneuerung — oder überhaupt nur zu überleben. Der Einfluß des Christentums scheint in den sechzig hinter uns liegenden Jahren ständig abgenommen zu haben. In den Jahren vor dem Ersten Weltkrieg war der christliche Glaube das vorherrschende Bekenntnis sowohl der Regierungen als auch des einfachen Mannes überall in Europa, in Rußland, in Amerika und in so ziemlich jedem industriell entwickelten Land. Darüber hinaus war das Christentum offizielle Religion der Amtsträger in den europäischen Reichen Asiens und Afrikas und Gegenstand einer gewaltigen und scheinbar erfolgreichen missionarischen Bemühung in China und anderswo.

Heute dagegen ist der Atheismus die offizielle Religion im kommunistischen Drittel der Erde, und die Länder Asiens und Afrikas, die in den letzten Jahren die Unabhängigkeit gewonnen haben, zeigen die Tendenz, sich von der Religion ihrer ehemaligen Beherrscher abzuwenden. In Indonesien und in Teilen Südamerikas gibt es allerdings im Augenblick Hinwendungen zum Christentum in großem Stil. Jedoch im Sudan, in Pakistan und anderswo wurden die christlichen Missionare ausgewiesen, und K. M. Panikker, der indische Historiker und Diplomat, überschreibt ein Kapitel seines umfassenden Werkes „Asien und die Vorherrschaft des Westens" mit der dürren Feststellung: „Der Mißerfolg der christlichen Missionsgesellschaften". „Man kann schwerlich bestreiten", schreibt er, „daß der Versuch, Asien für Christus zu erobern, trotz der ungeheuren und anhaltenden Anstrengungen der Kirchen und der Unterstützung großer Bevölkerungskreise in den europäischen Ländern gescheitert ist."

Noch schwerwiegender ist der Rückgang christlichen Einflusses in eben den Ländern, von denen aus diese Missionsarbeit geleistet wurde. Alle protestantischen Kirchen Europas weisen einen Rückgang an Mitgliedern, neuen Bekehrungen und im Pfarrernachwuchs auf. Der Kirchgang schwankt zwischen drei Prozent der Bevölkerung in Stockholm und ungefähr 14 Prozent in England. Eine Artikelserie in der „Times" unter dem Titel „Schlafende Christen" zog den Schluß, man werde „das Gefühl nicht los, daß die Kirche am Rande einer Krise steht. Sie ist in erschreckender Weise ein Abbild der Gesellschaft: unsicher, zaghaft, schlecht gerüstet, mit einer sich ständig verändernden Umwelt Schritt zu halten, und im Innern bis zu einem Punkt entzweit, wo sektiererische Sonderinteressen wichtiger genommen werden als das gemeinsame Wohl." Der Bischof von London bemerkte zu dieser Schlußfolgerung: „Wir mögen denken, diese oder jene Feststellung sei falsch oder unbillig, aber wenn die Kirche sich einem außenstehenden Beobachter so darbietet, so kann man die Kritik nicht unbeachtet lassen."

In Amerika sind die Zahlen überraschend anders. Man rechnet, daß 57 Prozent der Bevölkerung zum Gottesdienst gehen und 63 Prozent einer Kirche angehören, ein Ergebnis, das aufgrund ständigen Anwachsens während der letzten sechzig Jahre erreicht wurde. „Dennoch würde niemand zu behaupten wagen", so urteilt Bryan Wilson in seinem Werk „Die Religion in der säkularen Gesellschaft", „daß Amerika etwas anderes sei als ein säkularisiertes Land . . . Es bedürfte schon einer kunstvoll angelegten soziologischen

Untersuchung, um zu beweisen, daß die Entwicklung der amerikanischen Gesellschaft durch ihren hohen Prozentsatz an Kirchgängern oder diejenige Schwedens durch ihren sehr niedrigen Prozentsatz entscheidend beeinflußt wurde."

Wilson zieht den Schluß, daß die Kirchenmitgliedschaft in den Vereinigten Staaten weitgehend dem Streben nach gesellschaftlicher Geltung und der Bedeutung der Kirchen im Leben völkisch bestimmter Einwanderergruppen zuzuschreiben ist. Er behauptet: „Obwohl die Teilnahme am religiösen Leben zugenommen hat, hat gleichzeitig auch die Sinnentleerung volkstümlicher religiöser Ideen zugenommen: Inhalt und Bedeutung religiöser Bindung sind verflacht worden."

Wer bei der Amtseinführung Präsident Nixons zugehört hat, mag bezweifeln, ob eine so skeptische Erklärung ausreichend ist. Dennoch würden wohl die wenigsten jenem Jesuiten-Theologen widersprechen wollen, der kürzlich sagte, Amerika sei zwar immer noch „eine gottesfürchtige Nation", aber gleichzeitig erfaßt von dem „Atheismus der Ablenkung", wo die Leute viel zu beschäftigt sind, als daß sie sich noch Gedanken über Gott machen. „Die allgemein in Amerika herrschende Meinung lautet", so schreibt er, „Religion ist gut für die Kinder; ich selbst bin nicht religiös." Eine Gallup-Umfrage ermittelte 1968, daß 60 Prozent aller Amerikaner der Meinung sind, die Religion verliere im täglichen Leben an Einfluß. 1957 waren nur 14 Prozent dieser Ansicht. „Die Zunahme von Gewalttätigkeit und Verbrechen wird dem schwindenden Einfluß der Kirche zugeschrieben; die Kirche sei nicht mehr auf der Höhe der Zeit oder lasse sich zu sehr in politische und soziale Angelegenheiten verstricken."[2]

Selbst die katholische Kirche, einst eine geschlossene Festung des Glaubens, hat mit Schwierigkeiten zu kämpfen. Papst Paul VI. stellte fest, „daß in gewissen Bereichen des katholischen Lebens ein Geist ätzender Kritik Mode geworden" sei, und ein Beamter des Sekretariats für die Einheit der Christen in Rom meint, die Kirche leide an einem „stummen Schisma" von Rebellen, die dem Namen nach zwar noch Christen bleiben, aber nur noch ganz lose mit der offiziellen Kirche verbunden sind. „Allein im Jahre 1968 haben in den USA mindestens 463 katholische Geistliche den Priesterberuf verlassen, viele davon, um in die Ehe zu treten."[3]

Man kann sich nur schwer den Schlußfolgerungen Wilsons entziehen, daß die Menschen im Westen „immer weniger aus religiösen Beweggründen handeln" und daß die Kirchen, einst „Schiedsrichter ethischen Handelns", den „Anspruch der Religion auf die Leitung des Laufs der Sozialpolitik, der Entscheidungen der Staatsmänner, der Tätigkeit der gesellschaftlichen Institutionen aufgegeben haben und schließlich jetzt sogar den Anspruch darauf, das alltägliche Verhalten des einfachen Mannes zu leiten." Gleichzeitig gibt es kaum einen Beweis dafür, daß der einfache Mann aufhört, an Gott zu glauben. 1965 stellte der amerikanische Meinungsforscher Lou Harris fest: „97 Prozent des amerikanischen Volkes behauptet, an Gott zu glauben", und die Gallup-Umfrage vom September 1965 nannte als Vergleichszahl für England 84 Prozent. Aus der Schicht der sogenannten Intellektuellen kommt vielmehr der Anstoß für das, was der Theologe Paul Ramsey beschreibt als „den ersten Versuch in der Geschichte, eine Kultur zu errichten auf der Voraussetzung, daß Gott tot sei".

Es wird behauptet, diese Intellektuellen seien durch die Ergebnisse der Wissenschaft zu ihren Schlußfolgerungen gezwungen worden. „Die Säkularisation, die Wissenschaft, die Verstädterung haben es dem modernen Menschen verhältnismäßig leicht gemacht, zu fragen, wo Gott überhaupt sei, und gleicherweise schwer für einen Mann des Glaubens, eine überzeugende Antwort, sogar für sich selbst, zu finden . . . Ist Gott tot? Das ist eine Frage, die beide quält, die Gläubigen, die es insgeheim vielleicht befürchten, und die Atheisten, die Angst haben, daß er *nicht* tot ist."[4]

Bevor wir der Behauptung nachgehen, die *Wissenschaft* habe das Dasein Gottes unhaltbar gemacht, oder moderne Menschen könnten nicht länger ehrlich an Christus glauben, wollen wir zuerst die gottlose Kultur untersuchen, von der Prof. Ramsey sprach. Erfüllt sie tatsächlich die Hoffnungen ihrer atheistischen Vorkämpfer?

VOM HUMANISMUS ZUM NIHILISMUS

Die großen Ketzerhäupter des 19. Jahrhunderts, die den christlichen Glauben ablehnten, blieben zumeist weiterhin unter dem Einfluß der christlichen Ethik und waren bitterböse auf diejenigen, die prophezeiten, daß eine Ethik ohne den Glauben, auf den sie sich ursprünglich gründete, nicht lange überleben könne. Der hervorragende Wissenschaftler T. H. Huxley, der das Wort „Agnostiker" erfand, um seine Gesinnung zu beschreiben, war strenger Moralist. „Falls irgendeine Allmacht mir anböte, mich immer das Wahre denken und das Rechte tun zu lassen, unter der Bedingung, daß ich in eine Art Uhrwerk verwandelt würde, das jeden Morgen vor dem Aufstehen aufgezogen wird", schrieb er einmal, „so würde ich dieses Angebot sofort annehmen."

Als Mitglied des Londoner Schulrats von 1870—1872 bestand er auf der Notwendigkeit einer streng sittlichen Erziehung. Er unterstützte das Bibellesen als Grundlage einer solchen Erziehung, weil auf diese Weise „den Kindern die Wahrheiten des christlichen Lebens beigebracht werden und sie die Verhaltensweisen kennenlernen, die wir alle wünschen." Er widersprach denen, die den Religionsunterricht abschaffen wollten, um die Theologie loszuwerden; das sei ebenso unsinnig, wie wenn man das ganze Haus abbrenne, nur um die Küchenschaben zu vernichten.

Huxley würde eine wissenschaftliche Methode für den Unterricht eines ethischen Systems, dem alle zustimmen, vorgezogen haben; aber er hielt das angesichts des damaligen Standes der Volkserziehung für undurchführbar. Er selbst lehnte freilich alles Übernatürliche ab und sah dem Tage, an dem die wissenschaftliche Betrachtungsweise allgemein angewandt werden könne, zuversichtlich entgegen.

„Ich sehe keine Grenze für das Ausmaß", sagte er 1893 in einer Vorlesung, die seine letztgültige Glaubensaussage darstellt, „in dem *Intelligenz* und *Wille*, geleitet durch vernünftige Untersuchungsmethoden und in gemeinsamer Anstrengung, die Lebensbedingungen verändern können, und zwar für Zeiträume, die größer sind als die der bisherigen Geschichte. Ja, es könnte vieles getan werden, um selbst die menschliche Natur zu verändern. Die Intelligenz, die einst den Bruder des Wolfs in einen treuen Wächter der Herde verwandelte, sollte doch in der Lage sein, etwas zu tun, daß auch die rohen Instinkte im zivilisierten Menschen an die Kette gelegt werden."

Der französische Philosoph Renan, der sein geistiges Leben im Priesterseminar von St. Sulpice begann, wo er prompt seinen Glauben verlor, war anderer Ansicht. „Es ist möglich", schrieb er, „daß der Zusammenbruch des Glaubens an das Übernatürliche den Zusammenbruch sittlicher Überzeugungen zur Folge haben wird und daß der Augenblick, in dem die Menschheit die Wirklichkeit der Dinge erkennt, zugleich einen wirklichen sittlichen Niedergang bezeichnet. Wir leben von dem Duft aus einem leeren Kelch." Wenige objektive Beobachter werden heute bezweifeln, daß Renans Voraussagen wesentlich genauer waren als die Huxleys.

Damit soll keinesfalls behauptet werden, daß sittliche Rechtschaffenheit das alleinige Vorrecht von Gläubigen im allgemeinen oder Christen im besonderen sei. Viele, die den christlichen Glauben nicht leugnen, geben sich wenig Mühe, das christliche Ethos zu leben. Andere verhalten sich diesem Ethos gemäß, obwohl sie das Christentum schon lange abgelehnt haben. Aber in der Gesellschaft als ganzer ist die Abnahme an christlichem Glauben und an Sittlichkeit gleichzeitig vor sich gegangen.

Eine Durchsicht der westlichen Literatur der Jahrzehnte seit Huxleys Tod bestätigt diese Ansicht. Der bekannte Literaturkritiker Cyril Connolly macht dies in seinem Überblick „Die moderne Bewegung. Hundert Schlüsselwerke 1880—1950" überaus deutlich. Seine Untersuchung, die im Auftrag der „Sunday Times" vorgenommen wurde und bald darauf in Buchform erschien, will diejenigen hundert Bücher auswählen, „die am besten den Geist der modernen Bewegung veranschaulichen, welche mit Flaubert und Baudelaire anbrach, ihren Höhepunkt zu Anfang des 20. Jahrhunderts erreichte und erst in den fünfziger Jahren Vergangenheit wurde — wenn sie es überhaupt schon geworden ist."

Connolly nimmt an, daß die Bewegung der Moderne im Kern „humanistisch" ist. Einige Christen erscheinen wohl auch in seiner Aufzählung. Aber er schließt solche „Traditionalisten" wie Chesterton, Belloc und Kipling sowohl wegen ihrer Glaubensgrundsätze als auch wegen ihrer Schreibweise aus. Das Auslaufen der Bewegung schreibt er gerade dem Abfall vieler Schriftsteller vom „Humanismus" zu. Eliot, Edith Sitwell, Waugh und Auden nennt er als Vertreter derjenigen, die zur „religiösen Herde" desertiert sind. Als die zwei Hauptcharakteristiken der Moderne definiert er „das Vertrauen auf den Intellekt als den Zerstörer aller Anmaßung und Illusion, den wahren Führer des Menschen, wohin er auch führen mag, und den gleich starken Glauben an die Gültigkeit der Phantasie, die Grenzenlosigkeit der Empfindung, also die Sache Voltaires und die Sache Rousseaus . . ."

Man muß zugeben, daß die von Connolly genannten „bedeutenden Bücher" im allgemeinen repräsentativ sind für das moderne atheistische Bewußtsein. Sie sind aber darüber hinaus auch nach Ton und Inhalt wichtige Beweisstücke für die Entscheidung, ob Huxley oder Renan in bezug auf die Abhängigkeit der christlichen Ethik vom christlichen Glauben recht behält. Es ist daher ganz aufschlußreich, wenn man in einer Rezension der Studie Connollys durch den hervorragenden amerikanischen Kritiker, Professor J. W. Krutch, liest: „Obwohl seine (Connollys) Aufzählung gewisse Werke enthält, die weder Beatnikliteratur, noch sadistisch, noch existentialistisch, noch geschlechtlich pervers sind, so könnten doch mindestens die Hälfte — vielleicht sogar zwei Drittel — davon als Meilensteine zur Verdammnis eingestuft werden."[5] Eine Durchsicht der geistreichen Bemerkungen Connollys über jedes der hundert Bücher bestätigt die Richtigkeit dieser Einstufung.

Der Ausdruck „Verdammnis" stammt übrigens von einem der Schlüsselautoren Connollys, Guillaume Apollinaire, dem Vorkämpfer des Kubismus, Dadaismus und Surrealismus. Connolly beschreibt ihn als „Romancier, Feinschmecker, Bücherliebhaber und Pornokraten". Das Zitat, aus dem jener Ausdruck stammt, erscheint auf dem Denkmal Apollinaires, das unlängst vom damaligen französischen Erziehungsminister, André Malraux, enthüllt wurde: „Wir sind als Pilger aufgebrochen, deren Ziel Verdammnis ist . . . quer über die Straßen, quer durch die Länder und quer zur Vernunft selbst." Connolly findet die Quintessenz der literarischen Moderne in den Zeilen Baudelaires:

> „Nur wenn wir uns vergiften, ist uns wohl.
> Wir sehnen uns danach — dies Feuer brennt in unserm Hirn —
> im Abgrund zu ertrinken, sei's Himmel oder Hölle.
> Wen kümmert es? Durch Ungeahntes finden wir nie Dagewesenes."

Guillaume Apollinaire war ein Bewunderer des Marquis de Sade, den er als „den freiesten Geist, der je existierte", beschreibt. Er prophezeite, dieser Porno-Schriftsteller werde im 20. Jahrhundert zu beherrschender Wirkung kommen — „eine Prophezeiung", wie Krutch bemerkt, „die sich zu erfüllen scheint."

Krutch meint, es sei jetzt noch unwahrscheinlich, daß ein amerikanischer Kultusminister, gäbe es einen, öffentlich einem Dichter von Apollinaires Ansichten huldigen würde. Dann fährt er fort: „Wenn wir auch in dieser Hinsicht noch nicht ganz auf dem Stand der Franzosen sind, so steht doch außer Zweifel, daß die Avantgarde sogar dort, wo sie pervers und sadistisch ist, von den unwahrscheinlichsten Leuten nicht mehr als unehrenhaft betrachtet wird und daß weitverbreitete Magazine jene Filme, Theaterstücke und Gedichte oft und sehr eingehend besprechen, die nach der einen oder anderen Seite anscheinend dem Weg folgen, den ihnen Apollinaire weist, indem sie sich übermäßig mit sexueller Perversion, Brutalität, Grausamkeit oder wenigstens mit dem Nihilismus des Absurden beschäftigen."

Nachdem er die Reaktion gängiger Magazine auf einen sehr bekannt gewordenen amerikanischen Roman, einen ebensolchen Film und ein Theaterstück sowie die Arbeit zweier hochgeistiger amerikanischer Kritiker unter die Lupe genommen hat, zieht Krutch folgenden Schluß:

„Ich vermute, daß jemand, der es unternähme, der Entwicklung des Modernismus nachzugehen, damit beginnen müßte zu fragen, ob es einen bestimmten, beherrschenden Wesenszug der gegenwärtigen Entwicklung gibt, der mindestens durch seine häufige Betonung den zeitgenössischen Modernismus von derjenigen Bewegung unterscheiden könnte, aus dem er gewachsen sein soll. Gewiß, der Modernismus scheint sich aus mancherlei unausgegorenen Gedanken zusammenzusetzen. Und nicht alle seine Vertreter fügen auch alle diese Gedanken in ihre jeweilige Sondermischung ein. Aber ein hervorstechendes Merkmal ist die Neigung, das rohe sexuelle Erlebnis auf das Podest höchster Bedeutung zu heben, so daß die Suche nach dem Heiligen Gral heute zur Suche nach dem perfekten Orgasmus wird. Andere Kennzeichen dieser Literaturgattung sind Homosexualität, Nihilismus und jener Impuls zur Selbstvernichtung, der im Rauschgiftkult typisch dargestellt wird. Ein weiteres Kennzeichen ist der Geschmack an Gewalttätigkeiten, der z. B. bei Baldwin unmißverständlich sadistisch wird. Müßte ich die Frage beantworten: Was ist nun grundlegend?, so wäre ich geneigt, auf das Wohlgefallen an der Gewalt hinzuweisen. Die Meinung, Gewalttat sei die einzige angemessene Antwort auf eine absurde Welt, ist das Moment, das in all den persönlichen Spielarten des heutigen Avantgardismus am häufigsten auftritt."

Connolly stellt fest, daß der literarische Modernismus mit „einer Revolte gegen das Bürgertum in Frankreich, die Viktorianer in England, den Puritanismus und Materialismus Amerikas" einsetzte. „Der Geist der Moderne", fährt er fort, „war eine Kombination gewisser intellektueller Qualitäten im Erbe der Aufklärung: Klarheit, Ironie, Skepsis, intellektuelle Neugier, verbunden mit der leidenschaftlichen Intensität und erhöhten Empfindsamkeit der Romantiker, ihrer Rebellion und ihrem Sinn für das technische Experiment, ihrem Wissen darum, in einem tragischen Zeitalter zu leben."

All das ist gewiß wahr, doch erklärt es nicht, warum die einzigartigen Merkmale des Avantgardismus eben nicht die Merkmale der Aufklärung oder eines romantischen Denkens sind, sondern die jener Haltung, die man gewöhnlich als dekadent bezeichnet. „Wie können", fragt Krutch, „Klarheit, Ironie, Skepsis oder sogar intellektuelle Neugierde Vorspiel des ‚Jahrhunderts de Sades' werden?"

Vielleicht kann man eine Antwort darauf in den Überlegungen des amerikanischen Historikers und Philosophen Will Durant finden, der konstatiert, daß die meiste westliche Literatur und Sozialphilosophie nach 1950 „Stimme der Freiheit gegen die Autorität, des Kindes gegen den Vater, des Schülers gegen den Lehrer, des Menschen gegen den Staat" sei. Er fährt fort:

„Viele Jahre hindurch . . . nahm ich teil an dieser Revolte des Individualismus. Ich bedaure die Rebellion nicht . . . aber ich frage mich doch, ob der Kampf, den ich mitkämpfte, nicht zu vollkommen gewonnen wurde. Haben wir zu viel Freiheit? Haben wir so lange die Autorität der Familie, Disziplin in der Erziehung, Regeln in der Kunst, Anständigkeit im täglichen Verhalten und die Gesetze des Staates lächerlich gemacht, daß unsere ‚Befreiung' uns nur dem Chaos in Familie und Schule, in Moral und Kunst, im Denken und in der Politik nähergebracht hat?"

Eine andere Schriftstellerin, Pamela Johnson, gräbt noch tiefer: „Als man die Bergpredigt (vielmehr überhaupt jeden idealen Maßstab, der dem Menschen half, seinen Blick vom Boden zu erheben) in den Mülleimer kippte, entstand ein sittliches Vakuum, und die liberalen Humanisten haben dieses Vakuum nicht zu füllen vermocht. Sie waren unfähig, einen anderen Glauben anzubieten anstelle dessen, dem sie abgeschworen haben, außer freilich den Aberglauben an die angeblich wohltätigen Folgen totaler Toleranz auf allen Ebenen der Kultur. Und das ist ein romantischer Glaube, sogar noch romantischer als der Rousseaus. Hatten sie erst einmal aufgehört, auch nur an die Möglichkeit krasser Ungerechtigkeit durch die Hand des Menschen zu glauben und diesen Glauben durch das Vertrauen auf Freud ersetzt, so gruben sie auch noch die Grenzsteine der Selbstbeherrschung und sittlichen Verantwortung aus . . ."

So wurde, wie Renan voraussagte, mit der Ablehnung des christlichen Dogmas auch die christliche Sittlichkeit preisgegeben. Das daraus resultierende

Gefühl des Nihilismus hat die Völker weithin durchdrungen. Denn — wie sagte der oben zitierte Malraux selbst einmal —: „In einem Universum ohne Gott ist das Leben sinnlos."

DIE TOTALE TOLERANZ

Die Apostel der totalen Toleranz hat jemand beschrieben als die, „die ungeprüft das Abtreibungs-Scheidungs-Homosexualität-Antizensur-Marihuana-Paket kaufen". „Ungeprüft" und „Paket" sind die Schlüsselworte in dieser Beschreibung, denn es gibt offensichtlich viele geistvolle Menschen, die ernsthafte Gründe für die rechtlichen Reformen haben, die mit dem einen oder anderen dieser Begriffe verbunden sind. Nicht jeder, der eine nachgiebige Gesetzgebung auf einem Gebiet begünstigt, hält diese auch auf allen anderen für wünschenswert.

Der bekannte Publizist und Fernsehkommentator Malcolm Muggeridge nimmt an, daß „eine Zeit bevorsteht, in der Auseinandersetzungen über moralische Fragen größere Bedeutung bekommen werden als alle anderen — eine Entwicklung, die zu einigen interessanten neuen Bündnissen führen wird".

Er schrieb 1967: „Nehmen wir nur meinen eigenen Fall! Als ein entschiedener Gegner des Gesetzesvorschlages zur Liberalisierung der Abtreibung fand ich mich in derselben Front mit drei Leuten, mit denen ich sonst selten einer Meinung bin. Und wiederum ertappte ich mich als jemand, der gegen jede Lockerung der Kontrolle der sogenannten ‚weichen' Rauschgifte kämpft, dabei, wie ich einem Artikel eines politischen Gegners begeistert zustimmte, der überwältigende Beweise dafür zusammentrug, daß Cannabis in jeder Hinsicht gefährlich ist, sei es physisch, psychisch, sozial oder kriminologisch gesehen."[6]

Er schrieb die Beschäftigung des Parlaments mit moralischen Fragen politischen Ursachen zu:

„Tatsache ist, daß es keine innenpolitischen Fragen mehr geben kann, wenn der sozialistische Premierminister Wilson konservativer ist als die meisten Konservativen und Heath sozialistischer als die Labour-Partei. Regierungen in einer solchen Verlegenheit müssen eben ihren unzufriedenen Wählern irgendeinen Knochen zuwerfen. Als die Konservativen an der Regierung waren, warfen sie ihren Wählern das kommerzielle Fernsehen zum Fraße vor; Wilson befriedigte die seinen mit den ‚einwilligenden Erwachsenen' (Homosexuellen) und der Abschaffung des Abtreibungsparagraphen — Gegenstände, welche sittliche Fronten aufreißen, die sich quer durch die herkömmlichen politischen und ideologischen Standorte ziehen."

Dies läßt einige Zweifel an jener allzu simplen Ansicht aufkommen, daß der Drang zur totalen Toleranz jeweils allein das Werk der „Linken" sei.

Denn die Vorkämpfer der Nachgiebigkeit rekrutieren sich aus jeder Partei. Der Erziehungsminister im vorigen konservativen Schattenkabinett schrieb zum Beispiel am Schluß einer Artikelserie: „Ich glaube meinerseits nicht, daß wir eine allgemeine Reaktion gegen die Liberalisierungswelle erleben werden oder daß es auch nur gute Gründe gäbe für eine solche Reaktion.“[7]

Wenn man die verantwortlich denkenden Leute berücksichtigt und die wechselnden Auffassungen von Land zu Land, so scheint es klar zu sein, daß der Vorstoß für eine totale Toleranz in den Ländern des Westens von dem oben erwähnten Typ der automatischen Totalliberalen angeführt wird. Diese Leute haben die totale Nachgiebigkeit mit der Würde eines unfehlbaren Dogmas bekleidet und regen sich jedesmal ungewöhnlich auf, sobald irgendeine Art Disziplin, sei es durch Gesetz oder mittels Selbstzucht, vorgeschlagen wird.

Die schon erwähnte Autorin Pamela Johnson beschreibt diesen Standpunkt, wie sie ihn in Zusammenhang mit dem großen „Moormörder-Prozeß“ traf. In einer Gerichtsverhandlung wurden Ian Brady, 27, und Esther Hyndley, 23, überführt, ein zehnjähriges Mädchen sowie Jungen von zwölf bis siebzehn Jahren in besonders grausamer Weise ermordet zu haben. Der Staatsanwalt bewies, daß die Angeklagten die Literatur des Sadismus und der Folterung gewälzt hatten, einschließlich der Werke des Marquis de Sade, und daß diese Lektüre sie in ihrem Handeln beeinflußt hatte. Die selbstverständliche Frage nach einem solchen Kriminalfall war, ob nicht irgendeine Form der Zensur wünschenswert sei oder ob nicht wenigstens Schriftsteller oder Verleger eine freiwillige Selbstkontrolle ausüben sollten, weil sie sonst als Schreibtischmörder zur Verstümmelung unschuldiger Kinder ermutigen würden.

Es war keineswegs überraschend, daß ein Verleger, von dem man weiß, daß er „ganz für die Verderbnis der Jugend ist“, sich heftig dagegen wehrte, daß eine solche Frage überhaupt gestellt wurde. Aber die Journalistin fand, daß die Weigerung, diese Frage überhaupt zu erörtern, viel allgemeiner verbreitet war: „Die überwältigend-nachgiebige, die ‚swingende Gesellschaft‘: unter diesem großen Dach ist der ganze Zirkus der neuen Freiheit versammelt — Freiheit, sich hemmungslos auszuleben durch alle Arten Massenmedien, in ungehemmter Gewalttätigkeit, in Pornographie, in Sado-Masochismus. Die Beweismaterial-Kammern der Polizei bersten fast vom Druck ungezählter Tonnen schmutziger Bücher — solcher, die unter den Anwendungsbereich

des Gesetzes fallen. Es gibt sie massenweise auch außerhalb dieser Grenze, aber darüber scheinen wir uns noch keine Sorgen zu machen.
Es ist in England äußerst schwierig, eine einfache Frage über die ganze Angelegenheit zu stellen, etwa: ‚Ist unser Verhalten gesellschaftsschädlich?' ‚Werden Menschen dadurch verletzt?' — und eine nüchterne Antwort darauf zu erhalten. Eine derartige Frage ruft nicht selten Wutanfälle hervor, die Wutanfälle eines Kindes, das ein innig geliebtes und schmuddeliges Plüschkaninchen an seine Brust drückt, von dem es sich nicht trennen kann."
Und weiter: „Es gibt kaum Intellektuelle, die sich zu ernsthafter Erörterung darüber hergeben, ob wir im Westen etwa durch Fernsehen, Radio und Illustrierte die Luft verpesten und ob es vielleicht auf diese Ansteckung zurückzuführen ist, daß Kinder sterben müssen. Jeder Versuch, sie zu einer sachlichen und nüchternen Diskussion über diesen Gegenstand zu bringen, versetzt sie entweder in eine merkwürdige Hysterie, in jene eigentümliche Unvernunft, der man früher bei religiösen Streitigkeiten begegnete, — oder in totales Schweigen."
Eine bekannte Kolumnistin, die von sich sagt, daß sie meistens ohne Umschweife „fortschrittlich" wählt, hat diese Art Hysterie in der Diskussion über die Ehescheidung bemerkt. „Ich kann mir nicht helfen, aber es berührt mich sehr merkwürdig", schrieb sie 1966, „daß man über die Ehescheidung in aufgeklärten Kreisen so redet, als sei das eine Wohltat, die allen zugänglich sein sollte, anstatt ein Unglück, das es fast um jeden Preis zu vermeiden gilt." Sie bemerkt weiterhin, daß der Bericht der betreffenden englischen Rechtskommission andauernd von der Scheidung als von „Befreiung" redet, „als ob das einzig denkbare Bild der Ehe das von zwei Menschen sei, die durch die Bande der Kirche und des Staates aneinander gefesselt und geknebelt seien".
Das Gefährliche besteht darin, daß Worte wie Scheidung, Abtreibung, Zensur und andere zu gefühlsgeladenen Stichwörtern geworden sind, auf welche die Vorkämpfer der Totalliberalisierung automatisch reagieren. Eine neue Rechtgläubigkeit wurde geschaffen, eine neue allgemeine Norm des Wohlverhaltens, die wenigstens in gewissen Kreisen „den Gläubigen und die Jungfrau, wenn es sie noch gibt, schwer in die Defensive drängt". „Im Zeitalter der Freiheit ist es die Keuschheit, die als seltene geschlechtliche Verirrung am wenigsten geduldet wird. Wenn das so weitergeht, wird die Keuschheit in weiteren fünfzig Jahren ganz ausgestorben sein."[8] Einige scheinen zu den-

ken, daß das noch eine Unterschätzung der Geschwindigkeit ist, mit der die Mode wechselt. Eine Massenillustrierte widmete fast eine ganze Ausgabe einer Befragung: „Sind wir die letzte verheiratete Generation?“

Die Gesetzgebung, die durch diese weiche Welle ausgeschäumt wurde, hat nicht immer glückliche Resultate gezeitigt. Der Gesetzentwurf über Glücksspiel, Wetten und Lotterien ging in einer Stimmung fortgeschrittener Glückstrunkenheit durch das Parlament:

„Ein Sprecher der Parlamentsdebatte bezog sich auf das Gesetz als ‚den Freibrief für Geistliche‘, offenbar in der falschen Annahme, die einzige Absicht sei, endlich auch Lotterien für gute Zwecke zu erlauben. Einer seiner Förderer ging sogar so weit, anzudeuten, daß einiges von der Verlockung und der Anziehungskraft des Glücksspiels schwinden werde, sobald man es legalisiere.

Da das Gesetz eigentlich Spielkasinos überhaupt verhindern sollte, kann sein Versagen an der Tatsache ermessen werden, daß es jetzt in England außer den Bingoklubs allein 5000 Glücksspielklubs gibt.

Durch die Bestätigung des Gesetzes lehnte das Parlament die sittlichen Argumente gegen das Glücksspiel als solches ab. Jedoch sind die Argumente, die auf den gesellschaftlichen Folgen gründen, Jahr für Jahr ständig verstärkt worden.“[9]

1966, als der Umsatz der Glücksspielindustrie bis zu einem Viertel des Staatshaushalts betrug, erkannte das Innenministerium, daß man einen Fehler gemacht hatte, und der Parlamentssekretär stellte fest, „daß wir, wenn die Sache nicht gebremst wird, auf dem Wege zur Dekadenz sein würden, von dem es schwer sei, sich wieder zu erholen“. Die nachfolgende Gesetzgebung hat jedoch die Richtung nicht umgekehrt. Es ist noch zu früh, als daß man schon sagen könnte, ob andere nachgiebige Gesetzgebung — zum Beispiel die Abtreibung betreffend — ähnlich unvorhersehbare Folgen haben wird. „Die Art, in der das Gesetz sich auswirkt“, sagt der dafür verantwortliche Minister, „richtet sehr ernste Warnzeichen sogar für die auf, die das Gesetz eifrig befürworten.“ In einer Oberhausdebatte über eine ähnliche Maßnahme bemerkte ein Lord: „Heute treiben wir jäh in eine Position hinein, wo die einfachste Weise, Sünde zu vermeiden, nämlich daß man sie nicht tut, als viel zu schwierig für die Menschheit angesehen wird.“

Es bleibt zu hoffen, daß die neuen Gesetze einigen Menschen Entlastung bringen werden, die sich, ohne eigene Schuld, manchmal in schwierigen

Lebensumständen befinden. Aber man muß sich gleichzeitig vor Augen halten, daß die Erfahrung anderer Länder, die z. B. die Abtreibung legalisiert haben, noch nicht bewiesen hat, hier sei nun eine Möglichkeit gefunden, Unannehmlichkeiten und Gefahren aus dem Wege zu gehen.

In Jugoslawien beispielsweise, wo eine Maßnahme ganz ähnlich der englischen schon einige Zeit Gesetzeskraft hat, scheinen weitverbreitete Gesundheitsschädigungen die Folge zu sein. Zwischen 1951 (bevor die Abtreibung legalisiert wurde) und 1959 (danach) stieg die Zahl der Genitalentzündungen von 44 569 auf 173 324, der Menstruationsstörungen von 24 401 auf 91 697, der Sterilitäten von 5508 auf 20 320 und der Bauchhöhlenschwangerschaften von 489 auf 1167.

Der Chef einer Spezialstation für Abtreibungen in einem schwedischen Krankenhaus hat festgestellt, Abtreibung sei „immer eine gefährliche und lebensfeindliche Methode, da die scharfe Unterbrechung aller Vorgänge im Körper einer Schwangeren oft langdauernde Krankheitszustände zur Folge hat".

Diese Beweise könnten vermehrt werden. Sie lassen erkennen, daß die Ergebnisse durchaus unerfreulich werden können, wenn eine laxe Gesetzgebung zum Signal für immer laxeres Verhalten wird.

Mittlerweile ist London zum Abtreibungszentrum Europas geworden. Ganze Vermögen werden in Ausnutzung dieser Tatsache zusammengerafft.

Als das Abtreibungsgesetz in England verabschiedet war, schrieb Lord Clifford an die „Times": „Weit ernstere Gefahren sind jene, die demnächst aus diesem Loch hervorkriechen werden. Kindesmord ist jetzt unnötig. Vermutlich ist die Euthanasie das nächste auf der Wunschliste — ein sehr beliebtes Gesprächsthema unter den Theoretikern, bis sich einer selbst der Grenze nähert, von der keiner zurückkehrt — oder vielleicht die Sterilisation.

Was immer es sei, dessen können wir gewiß sein: Unsere Möchtegern-Weltverbesserer werden weiterhin die Ratschläge derer zurückweisen, denen sie andrerseits befehlen, die schmutzige Arbeit zu tun — seien es Ärzte, Rechtsanwälte oder die Polizei."[10]

In England hat der Sprecher des Oberhauses die Regierungsbank verlassen, um gegen das Abtreibungsgesetz auftreten zu können. Er äußerte ähnliche Befürchtungen und zeigte sich tief beunruhigt über die Vorschläge dieser Gesetzesvorlage, aber noch weit mehr über ihre Hintergründe. Darüber sagte er: „Glaubt denn vielleicht jemand, daß der Trend gegen die Unverletzlichkeit menschlichen Lebens aufhört, wenn diese Gesetzesvorlage mit allgemeiner Zustimmung und gegenseitigen Glückwünschen durchgepaukt worden ist? Es ist bestimmt kein Zufall, daß der Präsident der Gesellschaft für die Reform der Abtreibungsgesetze und ihr beachtlichster intellektueller Vertreter eben jener scharfsinnige, entschlossene und tiefschürfende Professor ist, der erst kürzlich die Begründung für ein Euthanasiegesetz vor Millionen von Fernsehzuschauern vortrug ...

Dieser Mann schrieb in seinem bekanntesten Buch über das Thema: ,Gegenwärtig hat dieses Problem gewiß noch nicht jenen Grad von Ernst erreicht, der bereits einen Versuch rechtfertigen würde, die überlieferten Ansichten gegenüber der Unantastbarkeit des Lebens alter Menschen zu ändern. Nur die grimmigste Notwendigkeit könnte hier eine Veränderung hervorrufen, die wahrscheinlich für viele Menschen Angst und Bedrängnis mit sich bringen und der herkömmlichen Sittenlehre, die von zweitausend Jahren christlicher Religion aufgebaut wurde, tiefe Wunden schlagen würde. Es mag indessen sein, daß eben diese Frage in dem Maße, in dem sie immer brennender wird, eine Umkehrung der herkömmlichen Werte herbeiführen wird.' Möglich also, daß der Hinrichtungstag für die alten Leute nicht mehr in allzu weiter Ferne liegt."

Diese Vorhersagen wurden inzwischen bestätigt. Im Mai 1969 wurde dem Oberhaus eine Gesetzesvorlage über den Gnadentod auf Verlangen vorgelegt. Die „Times" trat ihr aus verschiedenen Gründen entgegen und bezeichnete sie als eine abschüssige Bahn. „Die Ausweitung des Abtreibungsgesetzes (dort wurde die gesetzliche Zulässigkeit, das ungeborene Kind zu vernichten, von dem Grund der Bewahrung des mütterlichen Lebens zuerst auf die Gesundheit der Mutter und dann auf das Allgemeinwohl der bereits geborenen Kinder ausgedehnt) bestätigt den Verdacht, daß das Programm der Euthanasie, ist sie einmal erlaubt, in ähnlicher Weise ausgedehnt werden wird."[11]

Ein Leserbrief beschrieb, wie einfach so etwas passieren könnte:

„Die folgende Reihenfolge ist wahrscheinlich:

1. Ich bin alt, ich bin todkrank, ich will getötet werden.
2. Ich bin alt, ich bin todkrank, ich will meiner Familie nicht zur Last fallen, und deshalb muß ich um eine staatliche Tötung bitten.
3. Ich bin todkrank oder kränklich (kein Mensch weiß das genau). Ich würde ja gern noch ein bißchen am Leben bleiben, aber es wäre sicher selbstsüchtig, nicht um die Sterbehilfe zu bitten.

4. Ich bin alt, ich bin weder todkrank noch kränklich, aber ich nütze niemand mehr, und meine Kinder müssen mich versorgen. Ich will nicht sterben, aber ich sollte eigentlich um die Tötung bitten.
5. Ich bin noch jung, aber niemand hat mich lieb. Ich möchte getötet werden.
Sittliche Grundsätze, christliche oder andere einmal beiseite! Allein der gesunde Menschenverstand muß schon das Übel aufzeigen, das sich auf dieser abschüssigen Bahn ergibt."[12]

Viele Befürworter der laxeren Gesetzgebung waren gewiß durch ein echtes Mitgefühl für einzelne Menschen bewegt. Aber man muß sich fragen, ob es bei Männern der Kirche wirklich Barmherzigkeit ist, wenn sie durch ihr Stillschweigen zumindest zu verstehen geben, daß keine Macht da ist, durch die Menschen der Versuchung widerstehen können. Einige von ihnen haben offenbar den Unterschied übersehen, den B. H. Streeter, der verstorbene berühmte Theologe von Oxford, so formulierte: „Wir betrachten den Diebstahl von Schafen nicht schon deshalb als Tugend, weil wir heute der Meinung sind, daß die Strafe des Aufhängens damals eine übertrieben harte Strafe war. Wir können der Meinung sein, daß Ehebrecher im Mittelalter scheußlich behandelt wurden, ohne gleich den Ehebruch gutzuheißen. Gewisse Verhaltensweisen sind gesellschaftlich und geistlich aufbauend, andere aber gesellschaftlich und geistlich zersetzend. Es kommt ganz entscheidend darauf an, ob eine Gesellschaft diese beiden Verhaltensweisen klar unterscheiden kann. Der Durchschnittsmensch sollte sofort in der Lage sein zu entscheiden: Dies ist auf der Seite des Rechts, jenes auf der Seite des Unrechts. Ebenfalls von Bedeutung ist, jedoch weniger, wie viele Glieder der Gesellschaft infolge der Unzulänglichkeit der menschlichen Natur nicht diesen Grundsätzen entsprechend leben. Besteht in einer Gesellschaft ein klares Wissen um die rechte Richtung, so wird der stete Druck der Auffassung und das Beispiel der Besseren, das immer einen instinktiven Beifall der Mehrzahl auslöst, allmählich den Durchschnitt der allgemeinen Sittlichkeit heben."[13]

DIE FREUNDE DER RAUSCHGIFT-FREIGABE

„Es war für viele Leute eine Überraschung, wenn nicht gar ein Schock, aus jener berüchtigten Reklameanzeige in der Times zu erfahren, daß es in diesem Lande eine parlamentarische Interessenvertretung für das Marihuana-Rauchen gibt . . . Mein Verstand schlägt Saltos bei der Vorstellung, man könne dem Zigarettenhändler an der Ecke oder sonst jemandem den Verkauf von Cannabis gestatten und so Zentren schaffen, wo die Leute mit einem leichten Rauschgift anfangen und dann zum Gebrauch eines gefährlicheren weitergehen können."

James Callaghan, der britische Innenminister im Unterhaus (27. 1. 1969).

„Wenn sich Leute einbilden, sie fänden die Sinnerfüllung der Kunst durch das Einnehmen von Rauschmitteln, dann steht ihnen eine kolossale Enttäuschung bevor. Die Tonbandaufnahmen von Leuten unter LSD-Einfluß haben gezeigt, daß sie unverständlichen Blödsinn redeten. Daß Rauschgift ein Abkürzungsweg zu Gott sei, ist ein genauso irres Gefasel."[14]

W. H. Auden

Eine Hauptanstrengung der parlamentarischen Lobby der Totalliberalen konzentriert sich in der ganzen Welt gegenwärtig auf die Legalisierung des Marihuana, auch als Haschisch, Cannabis oder „Pot" bekannt, eines der milderen Rauschgifte. Da dasselbe durch die internationale Konvention über Rauschgifte von 1961 in fast jedem Lande verboten ist, wird zwar anerkannt, daß die Dämme des Gesetzes beachtlich stark sind. Aber die Marihuana-Enthusiasten hegen echte Hoffnungen, daß die weiche Welle der Liberalisierung stark genug sein könnte, diese Dämme zu durchbrechen. Daher die Gründung der SOMA (Society of Mental Awareness — Gesellschaft für geistige Wahrnehmung) und die sich steigernde Kampagne in England.

Da Marihuana und andere Rauschgifte oft als „Abkürzungsweg zu Gott" oder sogar als Religionsersatz hingestellt werden, tut jeder Christ, der dagegen angehen will, gut daran, diese Giftagitation zur Kenntnis zu nehmen.

Die englische Öffentlichkeit wurde erstmals der organisierten Giftkampagne gewahr, als die Londoner „Blumenkinder" während des Besuchs von Mr. Allen Ginsberg, dem Hohenpriester der Hippies, im Hydepark demonstrierten. Allen Ginsberg bezeichnet sich selbst als eine „alternde Sexbestie, einen Rauschgiftteufel, Anarchisten, Visionär und Schreiberling."[15] Gleich darauf erfolgte am 24. Juli 1967 eine ganzseitige Werbeanzeige der SOMA-Organisation in der „Times", welche die Überschrift hatte. „Das Gesetz gegen Marihuana ist im Grundsatz unmoralisch und in der Praxis undurchführbar."

Die Unterschriftenliste darunter liest sich wie ein Verzeichnis der total-liberalen Elite, dazu kommen noch Mr. Brian Epstein (der Manager der „Beatles", der bedauerlicherweise kurz danach selbst an einer Überdosis von Barbituraten starb), drei Beatles, zwei Nobelpreisträger (keine Mediziner), Tariq Ali und zwei Psychiater. Ein Leserbrief an die „Times" wies jedoch darauf hin, daß die „Unterschriftenliste keinen einzigen Namen eines Arztes enthält, der Cannabis genauer studiert hat. Und vielleicht sind an der ganzen Sache am bemerkenswertesten diejenigen Namen, die *nicht* darunter stehen."

Diese Anzeige verdient eingehendes Studium, weil sie trotz allem, was seither geschehen ist, immer noch die klassische Zusammenfassung der Gründe für die Legalisierung des Haschisch bleibt. Der Bericht der Wootton-Kommission, der zwar die Verringerung der im Gesetz vorgesehenen Strafen empfahl, wandte sich nichtsdestoweniger gegen eine Legalisierung und fand es bedeutsam, daß „sogar die, welche die Rauschdroge für ungefährlich hielten, doch Jugendliche von deren Gebrauch abhalten wollten". Einige Nebenbemerkungen der Kommission wie auch einige ihrer Empfehlungen hielt der Innenminister für „überbeeinflußt" durch die Schreiber jener „berüchtigten Times-Reklame", ein Vorwurf, den die Vorsitzende des Ausschusses zurückwies, der aber die Bedeutung dieser Reklame erneut deutlich machte.

Der Text der Anzeige beginnt mit der Feststellung, daß der „Gebrauch von Haschisch zunehme, besonders unter Schriftstellern, Lehrern, Ärzten, Musikern usw." Dann wird behauptet, daß „das Rauchen dieses Krautes traditionell zum gesellschaftlichen Leben von Hunderttausenden von Einwanderern gehört". Keine der beiden Thesen ist zwingend schlüssig.

Sodann wird der Leitartikel einer Ärztezeitschrift vom 9. November 1963 auszugsweise zitiert: „Man sollte in Betracht ziehen, Haschisch denselben rechtlichen Status zu geben wie dem Alkohol." Doch die Tatsache, daß jener Artikel des weiteren schwerwiegende Gründe gegen die Legalisierung anführte, wird nicht erwähnt. Es wird auch nirgends erwähnt, daß England durch einen internationalen Vertrag, der von etwa sechzig Ländern ratifiziert wurde, gebunden ist, die Rauschdrogen nicht zuzulassen.

Die Anzeige behauptet sodann, daß die gegenwärtige Gesetzgebung die notwendige wissenschaftliche Untersuchung der Rauschdroge nicht zulasse. Hierzu schrieb uns Professor F. E. Camps von der Gerichtsmedizinischen Abteilung des London Hospital Medical College: „Es gibt keine gesetzliche

Behinderung der Forschung, soweit sie echt ist, und man kann zu diesem Zweck jederzeit Vorräte der Rauschdroge aus offiziellen Quellen beziehen."

Ferner wird viel Aufhebens gemacht von den Schwierigkeiten, welche die Polizei habe, das Gesetz durchzusetzen, und von der angeblichen Brutalität bei der Durchführung. Der erste Punkt ist nicht stichhaltig; denn die Polizei hat bei der Durchsetzung des Gesetzes gegen Diebstahl ebenfalls Schwierigkeiten. Der zweite Punkt wird weit übertrieben. Die Polizei beschäftigt sich hauptsächlich damit, die Rauschgifthändler zu überführen. „Tatsächlich", stellte Professor Camps fest, „hätte die Polizei die Sache schon nahezu unter Kontrolle, gäbe es nicht jene ‚bedeutenden' Leute, die dies und jenes behaupten."

Die Tendenz ist überall dieselbe. So bringt eine deutsche Tageszeitung vom 17. Februar 1970 unter der Überschrift „Jungdemokraten stellen Rauschgiftforderung" folgende Meldung: „Rauschgiftforderungen haben die rheinland-pfälzischen Jungdemokraten, die Jugendorganisation der FDP, am Wochenende in Mainz angekündigt. Auf ihrem Landesdelegiertentag wurde ein Antrag gebilligt, in dem die Fraktion der Freien Demokraten aufgefordert wird, im Bundestag einen Novellierungsentwurf zum Opiumgesetz von 1933 einzubringen, mit dem Erwerb, Handel, Verkauf und Einnahme von bestimmten Rauschgiften legalisiert werden sollen. Der Antrag wurde damit begründet, daß die Einnahme von Hanf-(Cannabis-)Produkten, insbesondere in Form von Haschisch und Marihuana, erwiesenermaßen zu einem sozialfreundlichen Verhalten führe, Aggressionen dämpfe und das schöpferische Denken anrege."

Der Haken bei dem Argument für die gesetzliche Zulassung von Marihuana ist die Behauptung, die Rauschdroge sei „harmlos, nicht suchtbildend und führe nicht zur Heroinsüchtigkeit". Die Schreiber der „Times"-Anzeige geben an: „Die Hauptrechtfertigung für das Haschischverbot war die Unterstellung, daß sein Gebrauch zur Heroinsüchtigkeit führe. Diese Unterstellung scheint nicht durch dokumentarische Beweise gesichert zu sein und ist durch verschiedene maßgebende Untersuchungsergebnisse im einzelnen widerlegt. Es ist fast absolut sicher zu behaupten, daß das Risiko eines Cannabisrauchers, heroinsüchtig zu werden, weit geringer ist als das von Biertrinkern, zu Alkoholikern zu werden."

„Cannabis wird gewöhnlich von normalen Menschen gebraucht, um die Sinnesempfindungen zu vertiefen. Heroin wird fast ausschließlich von schwachen und verunsicherten Individuen zum Zwecke des Rückzuges aus der Wirklichkeit genommen. Durch das Haschisch-Verbot hat das Parlament einen Schwarzmarkt geschaffen, auf dem Heroin gelegentlich Personen angeboten werden könnte, die meist keinen Zugang dazu hätten. Potentiell Süchtige, denen Haschisch als ein unbefriedigender Fluchtweg aus der Wirklichkeit erschien, waren zweifellos versucht, Heroin auszuprobieren. Es ist wahrscheinlich, daß ihre Erfahrung von der Harmlosigkeit und der nicht süchtig machenden Qualität von Haschisch sie dazu geführt hat, die Gefahren des Heroin zu unterschätzen. Das Haschisch-Verbot ist es, nicht die Droge selbst, die zur Heroinsüchtigkeit beitragen kann."

Zur Unterstützung wurden ärztliche Meinungen zitiert, besonders die der medizinischen Unterzeichner, die wir hier im vollen Wortlaut wiedergeben. Dr. Stafford Clark, Direktor des Instituts für Psychologie am Guy's Hospital, schrieb: „Gewisse bezeichnende Mythen erfordern eine sachliche Widerlegung, weil sie sonst die Frage immer von neuem verwirren und nebenbei die Tatkraft und Aufmerksamkeit von Polizei, Zoll und Einwanderungsbehörden in eine Richtung ablenken, die sehr wenig mit Tatsachen zu tun hat, um so mehr mit eingewurzelten Vorurteilen. Die vergleichsweise Unschuld von Marihuana gegenüber etwa dem Alkohol ist eine solche Tatsache, seine gesellschaftliche Ächtung ein solcher Mythos."

Sein Kollege Dr. Storr wurde wie folgt zitiert:

„Marihuana ist keine suchtfördernde Rauschdroge und ist, um medizinisch zu reden, weit harmloser als etwa Alkohol oder Tabak. Man raucht es gewöhnlich in Gesellschaft mit anderen, und seine Hauptwirkung scheint in einer vertieften Musik- und Farbenempfindung zusammen mit einem Gefühl der Entspannung und des Friedens zu bestehen. Eine mystische Erfahrung des Einsseins mit dem Universum ist nicht ungewöhnlich, was auch der Grund ist, warum die Droge gerade bei Religionen des Ostens hoch geschätzt wird. Marihuana ruft, ganz anders als Alkohol, kein gewalttätiges Verhalten hervor, erregt auch nicht geschlechtlich. Es gibt keinen Kater oder sonst irgendeine schon bekannte körperliche Auswirkung nachteiliger Art."

Sowohl im Haupttext wie auch in diesen zustimmenden Äußerungen wurde großer Nachdruck auf die Behauptung gelegt, Marihuana sei harmloser als Alkohol. „Aber", fragt Dr. Salvino Caruana, der stellvertretende Direktor des Zentralrates für die medizinische Ausbildung in Großbritannien, „ist die

Tatsache, daß wir den Alkohol stillschweigend gebilligt haben und bereit sind, uns damit abzufinden, ein stichhaltiges Argument dafür, nun auch noch einen anderen Wirkstoff — einen gefährlicheren, invalidisierenden, hoffnungsloseren — in unserer Mitte willkommen zu heißen?"[16] Dr. Caruana hält Marihuana für weit gefährlicher als Alkohol, weil „die Personen, die Alkohol trinken, verwirrt werden und sich dessen bewußt sind. Der Mensch, der Marihuana raucht, wird auch verwirrt, weiß aber nichts davon. Diese Tatsache macht ihn zu einer Gefahr für sich und andere."

Er fügt hinzu: „Die Vorstellung von der Anwesenheit Hunderttausender unheilbarer Rauschgiftsüchtiger unter uns sollte eigentlich jedes Verlangen und jede Versuchung, das Rauschgift auch nur zum Spaß zu erlauben, abtöten."

SOMAs Behauptung in der erwähnten Anzeige, daß Marihuana selbst harmlos sei, ist nicht unwidersprochen geblieben. Der beratende Psychiater und ärztliche Direktor der Uffculme Clinic in Birmingham — einer Klinik, die viel mit Rauschgiftsüchtigen zu tun hat — war einer von dem Dutzend Ärzten, deren Zuschriften in der „Times" abgedruckt wurden. Er schrieb:

„Die ärztlichen Meinungen, die von SOMA herangezogen wurden, sind einseitig und rufen nach Widerlegung. Marihuana wird hauptsächlich wegen seiner angenehm berauschenden Wirkung gebraucht, und wie bei allen Rauschmitteln kann sein ursächliches Verhältnis zu Unfällen aller Art nicht übersehen werden. Seine Auswirkungen auf den Bewußtseinszustand sind, obgleich nur vorübergehend, sehr tiefgreifend. Das traumhafte Gefühl des Wohlbehagens und die Flucht vor der Wirklichkeit der alltäglichen Schwierigkeiten läßt seinen Gebrauch zur Gewohnheit werden, die für die Jugend nicht harmlos ist. Marihuana unterbindet oft die Kontrolle durch das Wachbewußtsein und entfesselt zurückgedrängte Lüste und Phantasien. Seine Bedeutung als Reizmittel bei Personen, die schon zum Verbrechen und zur Gewalttat geneigt sind, darf nicht leichtfertig unterschätzt werden.

Man kann ruhig einräumen, daß die Unreifen, die Verführbaren, die Schwächlinge und die direkten Psychopathen seinen Reizen am ehesten zum Opfer fallen. Aber die Tatsache, daß es relativ harmlos ist, ist noch lange kein Grund für ärztliche Unterstützung seines weitverbreiteten Mißbrauchs. Der Vorschlag, die Forschung werde das Problem lösen, verharmlost nur die Frage. Wie bei der Einstellung zum Alkohol wird die Sache durch gefühlsgebundene Vorurteile vernebelt, die man durch weitere wissenschaftliche

Untersuchungen nicht ändern kann. Nicht die Rauschdroge, sondern die Person, die sie gebraucht, ist das Problem.“[17]

Dr. F. Brown, Chefarzt für Psychologie am Royal Free Hospital, London, fügte hinzu, daß die Anziehungskraft des Marihuana nicht in seiner Gesetzwidrigkeit liege, sondern in der Tatsache, „daß es einen in sich gekehrten rauschhaften, träumerischen, phantasierenden Zustand herbeiführt. Ich habe noch keinen Gewohnheitsraucher von Haschisch erlebt, bei dem diese Gewohnheit vielleicht nicht die, aber bestimmt eine der Haupterfahrungen seines Lebens geworden ist. Liebe, berufliches Fortkommen, Ehrgeiz, Heimat und Familienleben werden auf den zweiten Platz verwiesen. Marihuana scheint genau das Motivationszentrum des Menschen zu treffen.“[18]

Die Verfechter der gesetzlichen Anerkennung von Haschisch betrachten solche Feststellungen deshalb als unwesentlich, weil diese Rauschdroge eben nicht zum Heroingebrauch führe.

Wie sehen die Tatsachen aus?

Der damalige Innenminister stellte im Unterhaus am 28. Juli 1967 fest, daß „97 Prozent der dem Innenministerium bekannten Heroinsüchtigen mit Haschisch angefangen haben“. Der Gerichtsdezernent von Birmingham erklärte, daß von 70 der Polizei bekannten Heroinsüchtigen in Birmingham 69 mit Cannabis begonnen haben. „In dieser Stadt“, sagte er, „ist Haschisch keine akademische, sondern eine sehr praktische Frage. In unseren Gerichten habe ich immer wieder Kinder — man kann sie nicht anders nennen — aus guten Familien und mit guten Beurteilungen ihrer Arbeitgeber erlebt, die urplötzlich und in jeder Hinsicht ihre Neigungen buchstäblich änderten und als menschliche Wracks endeten.“[19]

Die Befürworter der Rauschgifte sagen, diese Zahlen bewiesen nichts. Sie argumentieren, alle Heroinsüchtigen tränken Tee und Kaffee, und keiner würde auch nur davon träumen, sie wären durch diese Getränke darauf gekommen.

Ein Oxforder Pharmakologe wies in einer Vorlesung vor der British Association darauf hin, daß diese Beweisführung den Hauptpunkt unberücksichtigt lasse, daß Kaffee- und Teegenuß eine allgemein verbreitete Sitte, daß aber der Cannabisrausch in der Bevölkerung weit weniger verbreitet sei. „Nur in dem Vergleich zwischen dem normalen Vorkommen und dem Vorkommen unter den Süchtigen wird die Bedeutung dieser Tatsachen klar.“ Der Professor analysierte die Zahlen im einzelnen und kam zu dem

Schluß, daß „es eine viel engere Verbindung zwischen Haschisch und den Opiaten gibt, als gemeinhin erkannt wird".

Fachleute neigen übereinstimmend zu der Meinung, daß es keine biologische Auswirkung des Marihuanarauchens gebe, welche die Raucher für die starken Rauschgifte direkt vorbereite, und es ist glücklicherweise immer noch wahr, daß die Mehrzahl der Marihuanaraucher nicht zum Heroin fortschreitet. Doch zeigen die Zahlen des Innenministeriums, daß die, welche durch Marihuana zum Rauschgiftkult stoßen, mit viel größerer Wahrscheinlichkeit beim Heroin landen als die, welche nie damit anfangen. Und die Wahrscheinlichkeit, mit LSD oder irgendeinem anderen sogenannten „weichen" Rauschgift weiterzumachen, ist noch höher, denn in manchen Kreisen sind sie gegenseitig austauschbar.

LSD zeigt bereits, daß es sehr beunruhigende Eigenschaften hat, wenn auch nicht die verheerende Wirkung wie Heroin. Aus New York wird berichtet:

„Erwachsene, welche die bewußtseinserweiternde Droge LSD nehmen, bedrohen vermutlich die körperliche und geistige Gesundheit kommender Geschlechter. Das ist die Ansicht zweier amerikanischer Wissenschaftler, die in den vergangenen Jahren die Wirkungen der Droge auf menschliches Bindegewebe und Zellen studierten. Ihre Forschung, wahrscheinlich die erste ihrer Art, führte zu der Folgerung, daß LSD menschliche Chromosomen beschädigen kann — jene winzigen Erbträger, die in jeder menschlichen Zelle enthalten sind ..."[20]

Die weitverbreitete amerikanische Illustrierte „Saturday Evening Post" schildert Einzelheiten einer solchen Untersuchung in verschiedenen Teilen des Landes. Die Einleitung zu diesem Artikel lautet:

„In Oregon brachte eine junge Mutter ihr neugeborenes Baby zur Untersuchung. Das Kind hatte eine Fehlentwicklung des Verdauungstrakts, und sein Köpfchen entwickelte sich auf groteske Weise. Die eine Seite wuchs viel schneller als die andere.

Ein Patient einer New Yorker psychiatrischen Klinik und sechs junge Männer in Oregon zeigten fortgeschrittene Schädigungen ihrer Erbchromosomen von der Art, von der man aus Erfahrung weiß, daß sie mißgestaltete Nachkommen zur Folge haben.

Zwei der jungen Männer in Oregon hatten außerdem eine Abnormität der Chromosomen, die mit dem ersten Stadium von Leukämie identisch zu sein scheint, dem unheilbaren Blutkrebs, der sich in Hiroshima nach dem Atombombenabwurf rasend ausbreitete.

Ein Examenskandidat in Los Angeles hatte schon zweimal typisch epileptische Totalkrämpfe — einmal mit so gewaltigen Anfällen, daß er sich zwei Rükkenwirbel dabei brach.

Die junge Mutter, der Patient der Psychiatrie in New York, die jungen Männer in Oregon — zusammen mit vielen Tausenden neuer Insassen von Irrenanstalten — haben eins gemeinsam: Sie nahmen alle LSD."[21]

Das British Medical Journal bemerkte in einem Leitartikel zu den amerikanischen Untersuchungen, daß mehr Arbeit geleistet werden muß, um die potentielle Gefahr richtig einzuschätzen, und fügt hinzu: „Bei diesem Stand der Dinge kann man immerhin mit Sicherheit feststellen, daß LSD nicht nur ein sehr großes Risiko für den Verstand des Benutzers darstellt, sondern Abnormitäten der Chromosomen, Mißbildungen noch ungeborener Kinder und möglicherweise Blutkrebs verursachen kann."

In unserem Buch „Die neue Moral" stellten wir fest, daß uns weniger die Zunahme geschlechtlicher Unsittlichkeit unter der Jugend Sorgen mache als die Zunahme geistiger Unmoral unter den Menschen mittleren Alters. So ist es in der Frage der Rauschgifte wie bei der weichen Welle im allgemeinen nicht so sehr der Halbwüchsige, der der Versuchung nachgibt, als vielmehr der den Exzeß entschuldigende Intellektuelle, den wir kritisieren.

Anmerkung

Über die Verbindung von Marihuana und Heroin sagte Professor Paton in dem erwähnten Vortrag vor der British Association, abgedruckt in „Advancement of Science", Dezember 1968, S. 200—212:

„Die Idee einer ‚Eskalation' von Marihuana zu Heroin ist bei uns eigentlich erst während der letzten zwei oder drei Jahre ernsthaft vorgetragen worden. Es gibt einige sehr kluge Autoritäten, die sich dahingehend geäußert haben, daß sie für eine solche Eskalation keine Beweise sehen können. Ich bin zu einem anderen Schluß gelangt.

Nun muß man freilich zuerst deutlich machen, was man sagen will: weder, daß jeder, der Haschisch nimmt, auch notwendig zu Heroin übergehen muß, noch auch, daß ich ohne weiteres einen Prozeß beschreiben könnte, der aufgrund physiologischer oder chemischer Daten von Haschisch zu Heroin weiterführen muß. Es handelt sich vielmehr ganz einfach um eine Frage der allgemeinen Gesundheitsstatistik: gibt es Beweise dafür, daß der Gebrauch von Haschisch das Risiko einer Sucht nach

Opiaten erhöht, oder nicht, und wenn ja, wie hoch ist dieses Risiko? Wenn ein so erhöhtes Risiko tatsächlich vorhanden ist, dann gehören zu den sozialen Kosten des Marihuana nicht nur seine eigenen Gefahren, sondern auch diejenigen der ‚härteren' Drogen, zu denen es möglicherweise weiterführt . . ."

Prof. Paton rechnet aufgrund einer mathematischen Überlegung mit einem Prozentsatz zwischen 7 und 15 Prozent von Haschisch-Rauchern, die zu Heroin weitergehen. Die einzige andere ihm bisher bekanntgewordene Zahl, die einer empirischen Studie entstammt, lautete auf 10 Prozent.

DIE „GLEICHGÜLTIGE GESELLSCHAFT“

„Man kann nicht mit dem Tier in sich spielen, ohne ganz zum Tier zu werden; nicht mit Falschheit spielen, ohne sein Recht auf Wahrheit zu verwirken; nicht mit Grausamkeit spielen, ohne die Empfindsamkeit des Geistes zu verlieren. Wer seinen Garten sauber halten will, der hält kein Beet eigens für das Unkraut frei.“

Dag Hammarskjöld

„Da sie keine wirklichen Aufgaben finden, verpulvern sie große Gefühlsenergie in Kleinigkeiten, und unter diesen Nebensächlichkeiten hat die in bloßen Worten stattfindende Befreiung hohen Rang erhalten . . . Würde man dasselbe Maß von Leidenschaft auf gesellschaftliche Fragen konzentrieren, so hätte Amerika jetzt schon eine öffentliche Gesundheitsfürsorge, und England würde sich selbst seinen Unterhalt verdienen.“

Pamela Hansford Johnson

Während ihrer Untersuchungen der Moor-Mörder, die wir bereits erwähnten, schloß Miss Hansford Johnson, daß wir „in der Gefahr stehen, eine ‚herzlose Gesellschaft‘ zu schaffen, in der jeder nur noch für sich selbst sorgt und für seine augenblickliche Befriedigung. Wir verlangen Sex ohne Liebe, Mord und Totschlag aus Sensationslust. Wir fördern die Abstumpfung der Gefühle, und das ist, um es einmal deutlich zu sagen, nicht der Weg zu einem irdischen Paradies, sondern der Weg nach Auschwitz.“

Auf den ersten Blick scheint das eine merkwürdige Schlußfolgerung über ein Zeitalter zu sein, das in Skandinavien den Wohlfahrtsstaat, in Großbritannien die Nationale Gesundheitsfürsorge, in Amerika die „Große Gesellschaft“ und manche andere Anstrengungen zur Entfaltung größerer sozialer Gerechtigkeit hervorgebracht hat und das überall die sozialen Gesetze, die sich auf die „puritanische“ christliche Moral gründen, fleißig aufweicht. Doch die Menschen sind heute weniger davon überzeugt, daß der Wohlfahrtsstaat uns rücksichtsvoller gegen unsere Mitmenschen gemacht hat als noch vor zehn Jahren. Es waren gerade jene Klassen und jene einzelnen, die sich am meisten dem Genußleben hingaben, die für das Los der weniger Glücklichen am wenigsten übrig hatten.

Das alte Rom war vor dem Aufkommen des Christentums sowohl lasterhaft als auch brutal, und die britische Aristokratie der Aufklärungszeit, deren hochkultivierter Lebensstil auf Kinderarbeit und Sklavenhandel aufgebaut war, zeigte eine ähnliche Kombination von Eigenschaften. „Die Korruption des politischen Lebens im England des achtzehnten Jahrhunderts“, schrieb John Marlowe, „entsprach der Verrohung und Verworfenheit des gesellschaftlichen Lebens der herrschenden Klasse. Und es gab eine Eigenschaft, die noch abstoßender war als die Korruption — die Herzlosigkeit." Es mußten erst die anspruchsvolleren christlichen Maßstäbe aufkommen, wie sie von Männern wie Wilberforce und Shaftesbury gelebt wurden, damit die Tendenz zur Verrohung und Herzlosigkeit umgeleitet und die notwendigen Reformen eingeleitet werden konnten.

Ein extremes Beispiel für die herzlose Gesellschaft erscheint im Gerichtsprotokoll der Moor-Mörder. David Smith, der unfreiwillige Komplize der Kindesmörder Brady und Hyndley, beschreibt, wie Brady sich mit einem seiner Opfer befaßte: „Ich habe Metzgern im Schlachthof zugeschaut, die mit ebensowenig Gefühl wie er die Rippen eines Schafes durchknackten."

Der Generalstaatsanwalt befragte Brady in diesem Zusammenhang: „Welche Empfindungen hatten Sie, als Sie mit der Axt auf den Jungen einschlugen? Was für Gefühle hatten Sie dabei?"

Brady erwiderte: „Ich hatte gar keine. Ich kann mich an keine Gefühle erinnern. Ich schlug eben auf ihn ein."

Weniger offensichtliche Beispiele derselben Unempfindlichkeit kommen in unserem gesellschaftlichen Leben immer mehr zum Vorschein. John Updike beschreibt in seinem Bestseller „Die Paare" das Leben in einer kleinen Stadt Neuenglands, in der die ursprüngliche amerikanische Demokratie sich noch in Straßenversammlungen äußert und in der drei Straßen im Geschäftsviertel „Hoffnung", „Nächstenliebe" und „Göttlichkeit" heißen. „Die Ehepaare", heißt es in der Buchbesprechung des „Times Magazine", „haben den sexuellen Partnertausch zu ihrem Spielzeug, ihrem Bindemittel, ihrem Trauma, ihrer Therapie, ihrer Hoffnung, ihrer Enttäuschung, ihrer Rache, ihrem Narkotikum, ihrem Haupt-Kommunikationsmittel und zu ihrem einzigen armseligen Schild gegen das Wissen um den Tod gemacht."[22]

Ehebruch ist eine Art „Traumreise" zu einer erfolgreichen Philosophie des Glücks geworden, da es den Menschen ermöglicht, ein sonst sinnloses Leben zu genießen. Aber dem Vergnügen nachzujagen, bedeutet noch keineswegs, daß man es auch findet. Die Paare in jener Stadt leben in einer Zeit und an einem Ort, die beide für diesen Zustand des Glücks vorherbestimmt zu sein scheinen: „Willkommen im Paradies der Pille!" sagt eine der Gestalten des Romans. Freizeit, Autos und Babysitter verschaffen ihnen die Beweglichkeit, jedem Vergnügen nachzujagen. „Das ganze Treiben wäre rein lyrisch wie das Spiel von Nymphen und Satyrn", sagte Updike kürzlich, „gäbe es nicht die unglücklichen und vernachlässigten Kinder."

Das Fortschreiten der Ereignisse auch in Europa wurde durch eine Untersuchung des „Observer-Farbmagazins" beleuchtet, die unter der Frage veranstaltet wurde: „Sind wir die letzte verheiratete Generation?" „Heute faßt man zum ersten Male die Ehe selbst ins Auge", schreiben die Herausgeber in ihrer Einleitung, „ob sie möglicherweise der menschlichen Natur doch nicht verträglich ist." „Die Institution der Ehe muß sich selbst auflösen. Sie verlangt zu viel und verkrüppelt die Menschen", hieß es in einem Beitrag. „Und Kinder ab vierzehn Jahren können doch wirklich für sich selber sorgen . . ."

Die Umfrage als Ganzes kommentierte eine Journalistin im „Observer" wie folgt: „Mindestens der ganze gesellschaftliche Rahmen gab im vorigen Jahrhundert die Garantie, daß, wenn man sich einmal in die Ehe gestürzt hatte, man auch darin bleiben mußte. Wie man sich bettete, so lag man — oder man mußte schlimmstenfalls auf dem Wohnzimmersofa kampieren. Niemand sagte damals: Ach was, mein Lieber, es war doch nur eine Jugendtorheit!, und schon war man die Sache los. Niemand nahm damals an, daß Frau und Kinder einfach wie tanzende Flecke vor den Augen verschwänden, sobald man nur die Augen schloß und einmal tief durchatmete. Aber gerade das scheinen die zarten Bubis der Moderne zu erwarten. Sie sind zwar liberal genug, ein mitfühlendes Herz zu haben, solange sie über einen Freund in Not oder über einen Verbrecher plaudern, ja auch über die Probleme der Kinder aus geschiedenen Ehen; aber dann machen sie sich selbst daran, ihre Ehe zu ruinieren. Ich möchte nur einmal erleben, daß jemand zu so einem Kerl, der seine Frau und seine vier kleinen Kinder am Küchentisch sitzen ließ und davonging, nicht sagt: er hat es in der letzten Zeit schwer gehabt, oder: seine Mutter war eine schwierige Frau, oder: er hat so viel Sorgen mit seiner Arbeit, oder: er hat sehr jung geheiratet, sondern einfach: ein Schuft!"[23]

Ein anderes Beispiel dafür, wie die herzlose Gesellschaft samt ihrer Sucht nach Mord und Totschlag aus einer extremen Toleranz entsteht, stammt aus den USA. Aus New York wird berichtet:

„Das Land der Mamies und des warmen Apfelkuchens, der Bibelgläubigkeit und der freiwilligen Filmselbstkontrolle entwickelt sich — oder entartet — von einer ziemlich sittenstrengen Gesellschaft zu einer, die alles erlaubt. Und gerade die Präsidentschaftskandidaten sind davon hart betroffen.

Die Schlüssel zu dieser Veränderung im Wesen der Nation sind eine Anzahl von Entscheidungen des Obersten Gerichtshofes, die faktisch jede Zensur

verpönen und bestimmen, daß Unzucht keineswegs gegen das Gesetz ist. Die häßlichste Nebenwirkung ist der Strom von Gift, der sich mit Druckerschwärze über die gewählten Führer des Landes ergießt. Die Methode besteht simpel und direkt darin, den Präsidenten und andere als sexuell pervertierte Ungeheuer darzustellen . . . ‚Wenn das so weitergeht', sagte ein Kenner Washingtons, ‚wird es viele Leute aus dem öffentlichen Leben vertreiben . . .'
Es ist eine merkwürdige Ironie, daß der Oberste Gerichtshof, der die Freiheit als die Grundlage des amerikanischen Lebens bewahren soll, diese Freiheit mit Zügellosigkeit verwechselt. Dadurch hat er der kranken Gesellschaft ein Gütesiegel erteilt, das die USA von innen aushöhlen wird."[24]
Als nur fünf Wochen nach dem Erscheinen dieses Artikels Senator Robert Kennedy erschossen wurde, kommentierte der Auslandskorrespondent des „Daily Expreß":
„Wenn absolute Freiheit zum Rufmord gewährt wird, darf man sich dann wundern, wenn der tatsächliche Mord, wie eine Reflexbewegung, auf dem Fuße folgt? Die Freiheit, den Geist der Menschen mit Haß und Furcht zu vergiften, Schmutz und Lügen über die Männer zu verbreiten, die die mühselige Aufgabe auf sich nehmen wollen, das Land zu führen, ist in den USA blind akzeptiert worden . . . Im vergangenen Monat las ich in Amerika Artikel über Robert Kennedys Familienleben und Verhalten, die von einer solchen Gehässigkeit und einem derart krankhaften Haß diktiert waren, daß sie kein zivilisierter Drucker auch nur hätte anfassen dürfen. Aber es gab sie. Auf den Büchertischen. Als ich mich erkundigte, wie das möglich sei, sagte man mir: ‚Wir haben die freieste Presse der Welt!'"[25]
Die bekannte Wochenschrift „Time" kam in ihrem Artikel „Politik und Meuchelmord" zu ziemlich denselben Schlußfolgerungen: „Gleichen Zündstoff für labile Gemüter liefert der sich immer mehr überschlagende Ton der politischen Auseinandersetzung in den USA. Rassenkrawalle, Vietnam, Verbrechen — sie alle bieten sich an für den Mord mit dem Mund, weniger durch die Wahlkandidaten als durch Extremisten: die John Birchers, die Rap Browns, die feurigsten Kriegsgegner, der Ku-Klux-Klan.
Beweise finden sich überall. In Dallas knurrt der stellvertretende Bezirksstaatsanwalt, William Alexander, in einer Fernsehsendung: ‚Man sollte Earl Warren sofort hängen!' Rap Brown schreibt: ‚Wie viele Weiße habt ihr heute umgebracht?' Der Präsident wird routinemäßig als Massenmörder heruntergerissen. Robert Kennedy wurde von Hippies in San Franzisko als ‚faschi-

stische Sau' gebrandmarkt. Schließlich wird der Mord mit dem Mund zum tatsächlichen Mord."[26]

Hier macht, wie so oft, der extreme Liberalismus einer extremen Zensur Platz: „Das Attentat ist die äußerste Form von Zensur" (Bernhard Shaw).

James Reston, der Leitartikler und Chefredakteur der „New York Times", drückte es grundsätzlicher aus, als er, während der Senator noch zwischen Tod und Leben schwebte, schrieb: „Robert Kennedy ist nur das Opfer einer modernen Welt, die größere Kräfte losgelassen hat, als sie bändigen kann. Die Auseinandersetzungen zwischen den Nationen und Rassen, zwischen arm und reich, das Ringen des einzelnen mit den verwirrenden Wandlungen haben eine Flut der Gesetzlosigkeit und Gewalt hervorgebracht, die jetzt um den Erdball braust. Der Druck all dieser Dinge ist zu stark für schwache und labile Gemüter. Die Attentäter des Präsidenten John Kennedy, Martin Luther Kings und Lee Harvey Oswalds sowie jener Mann, der Senator Kennedy niederschoß, sind vielleicht nur zerrüttete, besessene einzelne, gefoltert von Erfolglosigkeit und getrieben von Furcht und Rache. Aber es steckt mehr dahinter.

Es handelt sich hier nicht bloß um die Negierung der Ansicht, das Leben sei im tiefsten Sinne gut, friedlich und sinnvoll, auch nicht nur um ein vereinzeltes Abrutschen in moralischen Schwachsinn. Es liegt vielmehr in der modernen Welt etwas in der Luft: eine Auflehnung gegen die Autorität, eine ansteckende Verantwortungslosigkeit, eine Art moralische Verstocktheit, die nicht mehr durch religiösen oder sittlichen Glauben in Schranken gehalten wird."

Dieses Problem ist weltweit. „Die Atmosphäre der Gewalttätigkeit ist keineswegs nur Kennzeichen der amerikanischen Szene. Das zu behaupten, hieße alles ignorieren, was sich seit Stalin und Hitler in der Welt begeben hat."[27]

Europa hat in den Jahren, als die Bewegung der Moderne, von der weiter oben die Rede war, auf ihrem Höhepunkt stand, mehr Gewalttat hervorgebracht als zu irgendeiner andern Zeit der Geschichte, und es ist noch kein Ende abzusehen.

Viele, die zu jung sind, um sich an Stalin oder Hitler erinnern zu können, meinen jetzt, Gewalt sei der einzige Weg, um zum Erfolg zu gelangen. Man kann diese Meinung auf beiden Seiten des Rassenkonflikts in Amerika und Afrika und unter einer immer mehr zunehmenden Zahl von Studenten in

jedem Erdteil finden. Vertreter der studentischen Linken behaupten, nicht sie, sondern die Gesellschaftsordnung sei gewalttätig, während sie sich lediglich verteidigten. Aber in Anbetracht der gewaltsamen Besetzung der Universitäten und der Ausbildung im Straßenkampf, die einige erhalten haben, scheint dies eher eine theoretische als eine praktische Unterscheidung zu sein. „Von Cohn-Bendit hört man kein Geschwätz darüber, daß Gewalt nur das letzte Mittel sei. Im Gegenteil: Er liebt Straßenschlachten und betrachtet es als die Pflicht und das Vergnügen eines Revolutionärs, sie zu inszenieren."[28]
Damit soll nicht gesagt sein, daß die Staatsgewalt oder die Befürworter des status quo schuldlos sind. Die Verweigerung von Reformen durch die weiße Gesellschaft treibt die Farbigen zu Extremen, und die Selbstzufriedenheit und der Materialismus der älteren Generation bringt die Studenten in Harnisch. Druck ruft Gegendruck hervor! Ein englischer Politiker sprach in einem Fernsehkommentar über die Pariser Unruhen vom Mai 1968 darüber, „was Menschen und Nationen passiert, die ihr Vertrauen zur Wahlurne verlieren", und fügte hinzu: „Beide Seiten entarten; beide werden brutal."
Einige Psychologen beruhigen sich mit der Versicherung, ein Weltkrieg sei ohnehin nicht mehr wahrscheinlich; Gewalttat in der Gesellschaft sei ein Ersatz, der geringeren Schaden anrichte, oder gar nur ein ritueller Kampf wie der zwischen Tieren.
Martin Luther King war nicht dieser Meinung. Er erklärte, Gewalt sei bei amerikanischen Negern weniger angebracht als bei einem Volk, das gegen fremde Eroberer kämpft, eben deshalb, weil der Kampf innerhalb der Nation stattfinde. Er sagte:
„Der amerikanische Neger lebt nicht im Kongo, wo die Belgier, wenn der Kampf vorbei ist, nach Belgien zurückkehren, oder in Indien, wo die Engländer, nachdem die Unabhängigkeit erzwungen ist, nach England zurückkehren. In einem nationalen Befreiungskampf kann man von ‚Befreiung jetzt und Integration später' reden, aber in dem Kampf um die Gleichberechtigung der Rassen in einer vielrassigen Gesellschaft, wo sowohl Unterdrücker als auch Unterdrückte ‚zu Hause' sind, kann die Befreiung nur durch Integration zustande kommen."
Er fügte ferner hinzu: „Suchen wir die Macht um der Macht willen? Oder versuchen wir die Welt und unser Land so zu gestalten, daß es sich dort besser leben läßt? Geht es um letzteres, so kann Gewalt niemals die Antwort sein. Die tiefste Schwäche der Gewalt besteht darin, daß sie eine rückläufige

Spirale ist und gerade das erzeugt, was sie zu vernichten sucht. Mit Gewalt kann man den Lügner töten, aber weder die Lüge vernichten noch die Wahrheit aufrichten. Mit Gewalt kann man einen haßerfüllten Menschen zum Schweigen bringen, aber nicht den Haß. Tatsächlich vermehrt Gewalt den Haß nur. So geht es fort. Gewalt mit Gewalt zu vergelten, vervielfältigt die Gewalt und macht eine sternlose Nacht noch dunkler. Finsternis kann Dunkelheit nicht vertreiben; nur Licht vermag das. Haß kann keinen Haß vertreiben; nur Liebe vermag das."

Das Anwachsen der Gewalttätigkeit in der modernen Welt führte viele Psychologen und Soziologen zu der Frage nach den Wurzeln der Aggression. Viele denken wie C. G. Jung, daß sie eine menschliche Triebfeder ist, so grundsätzlicher Natur wie der Fortpflanzungstrieb. Genau wie die Sexualität kann auch der Aggressionstrieb zum Guten oder Bösen gebraucht werden. Sein Mißbrauch schädigt andere und bringt Chaos über die Gesellschaft. Konstruktiv gebraucht, befähigt er den Menschen, Neues zu schaffen, schöpferisch tätig zu sein, jede Lage zu meistern und Schwierigkeiten zu überwinden.

Das stellt den Menschen vor die alte, elementare Entscheidung: Wird er Gutes oder Böses tun? Wird er seine Kräfte konstruktiv oder destruktiv einsetzen? In diesem Zusammenhang verdienen die Worte eines Kommentators anläßlich einer Großdemonstration in London gehört zu werden: „Revolutionär für die menschliche Erfahrung ist eine Gesellschaftsordnung, in der die Macht des Gesetzes nur dazu gebraucht wird, das Recht des einzelnen zum Ausdruck seiner Persönlichkeit zu schützen — ein Recht, das nur dadurch errungen und erhalten werden kann, daß man die innewohnende Neigung des Menschen zur Gewaltanwendung kontrolliert. Wenn es heute Zusammenstöße zwischen gewalttätigen Demonstranten und Polizisten gibt, die ihrerseits gewaltlos zu bleiben versuchen, so ist es unzweifelhaft die Polizei, die das wirklich revolutionäre Prinzip darstellt."[29]

DER STUDENTISCHE TERROR

Von allen Formen der Gewalttätigkeit, die heute im Westen vorherrschen, sind es die Studentenkrawalle, die den normalen Menschen am meisten Kopfzerbrechen bereiten. Ältere Leute, die sich entweder keine Universitätsbildung leisten konnten oder nur durch finanzielle Opfer ihrer Eltern dazu kamen, können nur schwer verstehen, warum junge Leute, die auf Kosten der Steuerzahler studieren, den Universitätsbetrieb lahmlegen wollen oder ihre Zeit damit verbringen, die Revolution zu planen. Junge Arbeiter, die freilich Steuerzahler sind und keine Stipendienempfänger, sind nicht weniger ungehalten. In vielen Teilen der Welt besteht die Gefahr einer Reaktion.

Studentenunruhen sind freilich in manchen Ländern seit Jahrzehnten eine gewohnte Erscheinung. Das Potential organisierter Jugend wurde von linken und rechten politischen Parteien asiatischer Länder schon früh erkannt, und ihr Eingreifen war in Japan, Indonesien und Südamerika entscheidend. In der westlichen Welt gab es die ersten Unruhen in Berkeley, Kalifornien, von wo sie sich nach Osten, an die Columbia Universität, New York, nach Berlin, Paris und an die London School of Economics ausdehnten.

Hier gab und gibt es vielerorts echte und vielfältige Gründe für studentische Beschwerden. Sie erstrecken sich von der Überfüllung der Lehrsäle bis zu unzureichenden Stipendien, von Kontaktmangel zwischen Lehrkörper und Studenten bis zu Merkwürdigkeiten in der hergebrachten Disziplinarordnung. Es wäre den studentischen Extremisten wohl kaum gelungen, zu ihren Demonstrationen so viele Studenten auf die Beine zu bringen, hätte man diese Mißstände nicht so lange anstehen lassen. Auch hier siegt, wie immer, ein Plan über Planlosigkeit. Und nur die Gleichgültigkeit der Mehrheit hat es den Extremisten oft ermöglicht, die Massen zu manipulieren oder die Ausschüsse umzufunktionieren. Obwohl sie sich in den meisten Ländern in viele Gruppierungen zerstritten haben, die sich gegenseitig nicht über den Weg trauen, sind sie doch in ihrem Krieg gegen das „System" weitgehend einig und haben die Stoßkraft, andere mitzureißen. Sie sind geschickt genug, nur solche umstrittenen Themen aufzunehmen, mit denen sie die Universitäten oder staatlichen Behörden zu Zwangsmaßnahmen und scheinbaren Ungerechtigkeiten provozieren können, und bei denen ihnen die allgemeine Unterstützung sicher ist.

Wo wollen die radikalen Studenten hinaus? Ein Präsident der Studentenschaft in Großbritannien schrieb in der Broschüre „Studenten heute": „Sie

sind im Sinne einer kürzlich in der Presse gegebenen Analyse ihrer Motivationen utopisch orientiert: ‚Eines der Motive der Anhänger des studentischen Terrors ist eine grundsätzliche Feindschaft gegen die gegenwärtige technologische Gesellschaft‘, nicht gegen die Mißstände in dieser Gesellschaft — das wäre der Standpunkt der Reformer —, sondern gegen die Gesellschaft als solche. Sie sind Romantiker, wenn sie sich als neue studentische Klasse bezeichnen, eine Sicht, die nicht ganz zutreffend mit der Lektüre Herbert Marcuses begründet wird. Studenten sind eine besondere politische Klasse, so heißt es nämlich, ‚die einzigen Erwachsenen, die nicht in den Produktionsprozeß eingespannt sind‘. Sie allein können ‚jene aufgeklärte Elite‘ bilden, welche ‚Wahrheit und Lüge‘ definieren und für die Gesellschaft entscheiden kann, wer toleriert werden soll. Sie haben dasselbe Recht, das Diktat über die Gesellschaft auszuüben, wie Hitlers Herrenrasse oder der Marxsche Vortrupp des Proletariats. Die Annahme eines derartig totalitären Dogmas durch irgendwelche Studenten wäre traurig zu nennen, wäre sie nicht gleichzeitig so gefährlich."
In demselben Heft stellt ein Mitarbeiter vom Literaturblatt der „Times" fest: „Vielleicht ist der Begriff der ‚Entfremdung‘ das Schlüsselwort für jede Beschreibung der radikalen Studenten. Teilweise geht es hier um ein echtes Gefühl dafür, daß unsere gegenwärtige Gesellschaft unerträglich materialistisch und ungerecht ist, daß sich unter dem Deckmantel der Redefreiheit und der politischen Freiheit vielmehr Schablonenhaftigkeit, Mittelmäßigkeit und Heuchelei verbergen. Teilweise ist das aber nur ein Vorwand. Es ist sehr zweifelhaft, ob viele Leute heute in England überhaupt mit ganzem Herzen eine Revolution mitsamt den unvermeidlichen Leiden, welche sie nach sich ziehen würde, herbeiwünschen können. Wahrscheinlich gehören die Studenten nicht dazu, so sehr sie auch in der Theorie zur Revolution neigen. Unter der deterministischen Sprache und all den marxistischen Begriffen ist der studentische Revolutionär manchmal zutiefst ein Romantiker. Nicht die blutige Revolution mit all ihren Leiden ist sein wahres Ziel; was er sucht, ist die ‚Entfremdung‘ des Revolutionärs, der die Gesellschaft und ihre Heuchelei verworfen hat."
Der Autor fügt hinzu, daß der Grund, warum eine so kleine Minderheit andere führen kann, darin besteht, daß sich noch viele andere der Welt ihrer Eltern entfremdet fühlen.
Ein scharfsinniger Artikel im „Observer" faßt das extremistische Ideengut in wünschenswerter Klarheit zusammen. Nachdem der Verfasser sich über

den Einfluß so verschiedener Persönlichkeiten wie Che Guevara und Mao, Herbert Marcuse und Wilhelm Reich ausgesprochen hat, schreibt er:
„Der Professor und der Guerilla, der Vorsitzende und der Psychologe sind Illustrationen zu einem revolutionären Text, der sich, wenn man die verschiedenen Traditionen berücksichtigt, überall gleich liest, wo die Jungen auf die Straße gehen. Die Parlamente liegen in den letzten Zügen; der Liberalismus ist ein gefährlicher Schwindel, hinter dem sich die stärkste Unterdrückung verbirgt, die es je gab. Moskau und Washington sind Machtbürokratien, die die Massen durch eine manipulierte Presse einer Gehirnwäsche unterwerfen, damit sie sich einbilden, sie seien zufrieden. Die Gesellschaft müßte durch spontane Arbeiterräte gelenkt werden, durch eine permanente Demokratie. Der Kapitalismus führt heute zu einer Art technokratischem Faschismus. Er muß abgeschafft werden. Dann wird eine neue Art Mensch entstehen: nicht ausgebeutet, schöpferisch tätig in der Freizeit, die durch Automation gewährleistet ist, spontan, ungehemmt, gesellig. Und, um die Wahrheit zu sagen, dieser ‚neue Adam' ist der einzige Held, den die Studenten wirklich anbeten."[30]
Der „neue Mensch", den sie suchen, ist, ebenso wie die neue Gesellschaft, von der sie glauben, sie werde irgendwie von selbst aus den Greueln der Verwüstung hervortreten, unlöslich mit einer „neuen" Einstellung zum Sexus verbunden. Daher heißt es in dem eben erwähnten Artikel weiter: „Überall tauchen die Bücher von Wilhelm Reich auf: Seine phantastische Synthese von Freudscher Psychoanalyse und revolutionärer Politik, seine Darstellung der politisch explosiven Natur geschlechtlicher Beziehungen, seine hypnotisierenden Diagramme, die zeigen sollen, wie sexuelle Verkümmerung zur Revolution führt, werden mit Lackfarbe an die Wände der Pariser Universität gesprüht oder von den freien Kommunen Berlins den Polizisten an den Kopf geworfen."
Dr. George Steiner vom Churchill College in Cambridge sieht diese neue Einstellung als entscheidendes Moment an. Die in der Geschichte erstmals dastehende Beseitigung der Furcht vor Geschlechtskrankheiten und unerwünschten Schwangerschaften bedeutet, daß junge Leute, wenn sie miteinander verkehren, „zum ersten Mal niemand als sich selbst verantwortlich sind; ihre Tat ergibt keine Störung der Gesellschaft, man braucht keine sozialen Folgen zu fürchten. Ich glaube", schreibt Steiner, „daß diese Befreiung im Zentralen enorme seelische Energien ausgelöst hat... Wenn die Radikalen von Berkeley, Nanterre oder Amsterdam uns sagen, daß

Reichs ‚Funktion des Orgasmus' eine der Quellen ihrer Politik sei, so sagen sie die Wahrheit. Und es wäre besser, wir hörten zu.“[31]

Dr. Steiner findet, daß die vorherrschenden Stimmen in der Studentenrevolte nicht die von Marcuse oder Guevara sind, sondern die der traditionellen Verfechter der Brutalität und Unzucht: Jarry, Sade und Lautremont. „Aber“, fügt er hinzu, „der Name, der am meisten genannt wird, ist der von Artaud, dem Erfinder des ‚grausamen Theaters'. Als seelisch kranker, aber ungemein talentierter Mensch schritt Artaud den ganzen Leidensweg der modernen Extremisten ab und zeichnete ihn vor: Happenings, Rauschgift, Wahnsinn und Selbstmord . . . Hinter den radikalsten Elementen in der Studentenbewegung stecken die Phantastereien, die dichterische Anarchie, die Dada-Pantomime und die Suche nach Halluzination, die den Symbolismus in Literatur, Kunst und Schauspiel der zwanziger und dreißiger Jahre kennzeichneten.“

Wenn das so ist, so hatte André Malraux, der französische Kultusminister, kein Recht, überrascht zu sein, wenn in Paris Straßenschlachten ausbrechen, denn er war es ja, der ein Denkmal für den Begründer des Dadaismus enthüllte, der de Sade für ‚den freiesten Geist' hielt, der jemals lebte.

Die Gefahren in diesem Spiel von Gewalt und Gegengewalt analysierte ein Leitartikel der „Times“ unter dem Titel „Der britische Rückschlag“: „In England und wahrscheinlich in der ganzen Welt erzeugt die Studentenrevolte eine Gegenreaktion, die sich als bedrohlicher erweisen könnte als alles, was die Studenten anstellen können... Die Gefahr der Anarchie wird möglicherweise sogar in diesem Land zu einem gesellschaftlichen Leben führen, das stärker autoritär geprägt ist.“[32]

Der Artikel untersucht die Querverbindung zwischen totaler Toleranz und Gewalttat. Nach der Feststellung, daß die besonders weitgehende Toleranz in Großbritannien „bedeuten mußte, daß zwar einige Leute große Fehler in ihrer Lebensführung machten, aber daß andere die Gelegenheit zu einem glücklicheren Leben erhielten“, fährt er fort:

„Die totalliberale Gesellschaft ist eine Sache; ihre offensichtliche Schuld aber, von der die ‚Blumenkinder' nur ein Beispiel waren, ist ihre Weichheit und Schwäche. Die gewalttätige Gesellschaft ist wiederum etwas ganz anderes, und es ist die Brutalität der Gesellschaft als Ganzes, auf welche die Leute in Amerika und hier reagieren. Konservative, die ihre Staatslehre aus der Vernunft herleiten, werden es wohl natürlich finden, daß die totalliberale und die gewalttätige Gesellschaft Hand in Hand gehen. Sicherlich bestehen bezeichnende Verbindungen zwischen beiden. Während der Zeit, da die Disziplin immer mehr gelockert wurde, haben die Gewaltverbrechen immer mehr zugenommen. Die Fürsprecher vollkommener Freiheit für die Zurschaustellung des Sexuellen auf der Bühne und im Film waren auch die Herolde des ‚Theaters der Grausamkeit'. Ohne Zweifel gibt es in der menschlichen Natur eine Querverbindung zwischen dem Sichgehenlassen und der Grausamkeit eines verzogenen Kindes."

Nicht nur vernunftfreudige Konservative sehen eine Verbindung zwischen der Haltung, die alles erlaubt, und der studentischen Brutalität. Als zwei Teilnehmer einer Fernsehdiskussion sagten, daß sie es für unwahrscheinlich hielten, daß die Gewalttätigkeiten von Paris sich in England wiederholen könnten, erwiderte ihnen der Herausgeber der Zeitschrift „Die neue Linke":

„Vor einigen Jahren war England für seine Prüderie, seinen Puritanismus und seine Heuchelei bekannt, aber die englische Jugend ist jetzt führend in der sittlichen, sexuellen und ästhetischen Emanzipation. Ich sehe keinen Grund, warum die englische Jugend nicht auch der Vortrupp der politischen Emanzipation sein sollte."

Aber es sind nicht nur die Propheten der „Bewegung der Moderne", die diese laxe und potentiell gewalttätige Jugend schufen. Soziologen und Psychologen in Amerika haben entdeckt, daß die führenden Radikalen unter den Studenten gerade aus Familien stammen, in denen alles erlaubt war. Sie sind die „Dr.-Spock-Babies, die immer aufgenommen wurden", Kinder, die die sofortige Erfüllung ihrer Wünsche erwarteten. Dr. Anthony Storr schreibt darüber in seinem Buch „Human Aggression":

„Liebenswürdige und liberal denkende Menschen haben angenommen, Kinder würden, wenn man ihnen nur genug Liebe gebe und ihnen so wenig wie möglich verweigere, überhaupt keine Aggressivität entwickeln. Zur Überraschung der Eltern, die in der Erziehung äußerste Großzügigkeit und Freiheit walten ließen, werden diese Kinder emotionell gestört und oft viel aggressiver, als wenn man sie mit fester Hand erzogen hätte. Wenn Eltern niemals ihr eigenes Recht als Person geltend machen, sondern sich beständig den Wünschen des Kindes unterwerfen, kommt dieses zu der Überzeugung, es sei allmächtig und jede flüchtige ‚Laune' müsse sofort befriedigt werden."

Ein anderer Autor geht noch weiter:

„Es gibt eine Menge von Beweisen dafür, daß Rowdytum und Jugendkriminalität wahrscheinlich der Weg sind, auf dem der heranwachsende

Mensch außerhalb der Familie den Kampf mit der Autorität führt, den er eigentlich mit seinem Vater hätte austragen sollen. Bezeichnenderweise kommen diese Jugendlichen aus Familien, in denen der Vater unfähig oder nicht willens ist, seine Autorität auszuüben oder auch nur ein anständiges Benehmen von den Kindern zu verlangen.

Wenn rebellierende Studenten, indem sie Schlagworte an die Stelle von Beweisgründen setzen, die Abschaffung des Geldes und des Privateigentums verlangen sowie die Beseitigung (haben sie erst einmal die Macht) aller sozialen und politischen Systeme, die ihnen mißfallen, so analysieren sie nicht etwa die Schwächen der gegenwärtigen Gesellschaft. Unter welcher Maske oder in Unterstützung welcher Sache sie auch immer protestieren, ihr Ziel ist immer dasselbe: ein direkter oder versteckter Angriff auf die elterlichen Maßstäbe und Vorrechte."[33]

Die elterlichen Vorrechte? Und, so scheint es, die elterlichen Taten! Eine Gruppe amerikanischer Psychologen stellte fest, daß „Studenten, wenn sie ihre Eltern kritisieren, nicht deren Ansichten angreifen, sondern ihr Versagen der Verwirklichung eben der Grundsätze, die sie ihren Kindern eingebleut haben." Oder, wie ein Professor der Psychologie an der Universität von Long Island es nennt: „Das, wogegen Jugendliche in vielen Fällen rebellieren, ist der Nihilismus, den sie im Leben ihrer Eltern entdecken — das Fehlen echter Wertmaßstäbe —, und eine Einstellung, die alles erlaubt. Wir müssen zurückkehren zu dem Ziel der Freiheit für den Geist, nicht einer Freiheit für unsere Triebe."

Die, die sich über alle rebellierenden Studenten aufregen, müssen sich auch überlegen, ob sie eine Zielsetzung anzubieten haben, die die Aufmerksamkeit eines militanten Studenten fesseln könnte. Ein Leitartikel in der Oxforder Studentenzeitung „Isis" beurteilte die Unruhe an der London School of Economics folgendermaßen:

„Es gibt einen Wahnsinn, wenn man es so nennen will, unter einer zunehmenden Zahl von Studenten unseres Landes. Dieser Wahnsinn ist nicht mehr und nicht weniger als ein Verlangen danach, über die bloße Analyse der Gesellschaft hinauszugehen zu einem Engagement für die Veränderung der Gesellschaft. Da nur die Revolutionäre letzteres anbieten, finden sie in jeder Krise Unterstützung. Vielleicht finden sie weniger intellektuell als gefühlsmäßig Anklang.

Aber wer sonst versucht, dem Bedürfnis der Studenten entgegenzukommen, bei der Verbesserung dieser Welt mitzuhelfen, anstatt nur sich selbst zu bessern?
Es wäre interessant zu sehen, was den Professoren und den Gemäßigten alles einfallen würde, wenn ihr Leben, nicht nur ihr Verstand, genauso der Aufgabe der Weltveränderung hingegeben wäre wie das der Radikalen. Wenn ein Sit-In Sprengstoff sein kann, so wäre eine neue Entschiedenheit bei Professoren und bisher abseitsstehenden Studenten, die Nöte der Welt zu beheben anstatt nur zu diskutieren, noch explosiver. Sie würden die Universität neuen Typs schaffen, nach der unsere Zeit verlangt.“[34]
Dieselbe Aufteilung von Lob und Tadel zwischen den Generationen trifft auch für einen anderen wichtigen Sektor der Jugend zu — die Hippie-Bewegung. Die Hippie-Theorie besagt, daß man zart mit anderen sein werde, wenn man sanft mit sich selbst umgehe — eine Theorie, die, wie wir in „The Cult of Softness“ gezeigt haben, sogar von einer modernen Theologenschule verbreitet wird, obschon sie den genauen Gegensatz zur Lehre und Tat Christi darstellt. Wie wirkt sich diese Theorie bei dem „Freudschen Proletariat“, wie die Blumenkinder von San Franzisko genannt worden sind, aus?
Peter Fryer faßt ihre Prinzipien in der Zeitschrift „Encounter“ wie folgt zusammen:

1. Mach deinen eigenen Kram, ganz gleich, was sonst jemand denkt, sagt oder tut!
2. Laß alles sausen, „drop out“!
3. Mach jede anständige Person, an die du herankommst, süchtig — wenn möglich mit Haschisch oder LSD; wenn nicht, so bringe sie auf Schönheit, Ehrlichkeit, Spaß und Liebe!
4. Falls die Autorität dich dabei stört, liebe sie zu Tode!

Ihre Flucht aus der Welt — auf den ersten Blick ein Zeichen der Gleichgültigkeit — wird mit ihrer sanften „Aggression der Liebe“ gerechtfertigt. Aber Eltern sind, wie es scheint, eine Ausnahme. „Wenn du deine Eltern nicht süchtig machen kannst, so mach sie fertig! ... Man muß anscheinend jede Verbindung mit diesen Bastarden (den Eltern) ein für allemal abbrechen, damit man in ihre Unmenschlichkeit nicht mit verwickelt wird.“[35]
Das deutsche Teenager-Magazin „Underground“ brachte einen „mitmenschlichen“ Ratschlag derselben Qualität:

„Todesurteil für Eltern? . . . 3. Sich von den Eltern unabhängig machen . . . b) durch Mittel, die in den Schülerdiskussionen immer häufiger ‚psychischer Terror‘ genannt werden.
Ein 18jähriger Junge in einer Kleinstadt engagiert sich in aller Öffentlichkeit politisch. Die Eltern fürchten um ihr bürgerliches Renommee und sind zu Verhandlungen bereit.
Ein 20jähriges Mädchen, dem seine Eltern die Freundschaft mit einem Jungen gerichtlich verbieten wollen, trifft sich heimlich mit dem Freund in der Wohnung ihrer Eltern und droht ihren Eltern bei Fortführung der Repressalien mit Anzeige wegen Kuppelei. Voller Erfolg.
Ein 16jähriges Mädchen schlägt seinem Vater vor, er solle sich mit Benzin übergießen. Der Vater, verstört und verängstigt, behandelt seine Tochter von da ab mit mehr Respekt.
Dies sind drei authentische Fälle von psychischem Terror.
Die Drohung mit psychischem Terror ist die letzte Waffe in der Auseinandersetzung mit der Sorte Eltern, die ihre ohnehin fast unbeschränkte Gewalt auch noch mit Vormundschaftsgerichten durchsetzen wollen. Psychischer Terror erfordert Mut und ein nüchternes Durchdenken aller Konsequenzen. Hier kann Erfahrungsaustausch mit gleichaltrigen Leidensgenossen viel helfen.“[36]
„So sehr er auch Zärtlichkeit predigen mag“, kommentiert Peter Fryer, „so finden doch viele Heranwachsende gerade im Untergrund den Sammelpunkt für ihre Ressentiments gegenüber repressiven Vätern, Schuldirektoren und der Polizei.“ Er fährt fort:
„Der Untergrund verspricht den Heranwachsenden sowohl passiven Widerstand als auch die aktive Fähigkeit, zu schockieren. Euch gefällt nicht, wie wir reden, daß wir Haschisch qualmen, unsere persönliche Aufmachung, daß wir lange aufbleiben, unser musikalischer Geschmack? Nun denn, wir werden unseren Slang zu einer wirklichen Geheimsprache machen. Wir gehen vom Marihuana zu LSD-Traumreisen über, vom LSD zum STP, wenn wir es kriegen können, und unsere Amüsements werden die bewußtseinserweiternde Wirkung unserer Rauschgifte widerspiegeln. Unsere Haare werden noch länger, unsere Röcke noch kürzer, unsere Anzüge noch knallbunter. Wir werden nicht nur die ganze Nacht über wegbleiben, sondern eine Kampagne starten für die weit-offene Stadt, den 25-Stunden-Tag und werden ‚die Wach-Schlaf- (und zweifellos die sexuellen und folglich politischen) Lebensgewohnheiten ändern, nicht nur in London, sondern überall in der

Welt, wo heute müde Nachts-muß-man-schlafen-Gewohnheiten herrschen. Was unsere Popmusik-Gruppen betrifft, so werden sie euch taub machen, wenn sie die tollsten Phantasien von Gewalttat und Zerstörung in Szene setzen, 2000-Mark-Gitarren zerschlagen, Rauchbomben hochgehen lassen, Feuer legen, Fernsehgeräte und Autos zerhacken, ja die Bühne selbst, und miteinander halb im Ernst kämpfen."[37]

Mr. Fryer weist darauf hin, von da sei es kaum mehr als ein Schritt bis zum Taschentext auf der Langspielplatte Nr. 2 der „Rolling Stones", den ihr Manager Andrew Oldham schrieb:

„Angle tief in deiner Tasche nach Penunze, um diese Rillenscheibe der tollen Worte zu kaufen! Hast du keine Moneten? Da ist ein blinder Mann! Hau ihn auf die Rübe, klau sein Portemonnaie und sieh da: Du hast das Moos! Wenn du die Zechinen hier investierst: Gut! Wieder eine verkauft!"

Aber sind die Hippies die einzigen, die so gefühllos sind? Oder sind sie das Spiegelbild ihrer Eltern? Sie sind im allgemeinen Produkte von gutgestellten Mittelstandsfamilien. Sie sind aus dem Wettrennen um einen sinnlosen Materialismus, den sie sehr wohl gesehen haben und nicht ertragen konnten, ausgestiegen.

„In ihrem Verhalten äußert sich ein beunruhigendes Maß von Kultur-Nihilismus und Bilderstürmerei", meint Fryer. Aber ist es nicht genau das, was wir bei den glänzendsten Schriftstellern seit Baudelaire fanden und was man bei den heutigen „Humanisten" findet? Fryer schließt:

„Die Hippies sind das Vergrößerungsglas, in dem die ältere Generation ihr eigenes Privatisieren, ihre Passivität, ihre Weigerung, soziale Verantwortung zu übernehmen, erkennen kann. Ältere Leute verbringen viele Stunden beim Anstarren des Bildschirms; die Hippies starren stundenlang abstrakte farbige Lichter an. Ältere Leute träumen davon, im Toto zu gewinnen; die Hippies träumen einfach nur. Ältere Leute rauchen Tabak und trinken Alkohol; die Hippies qualmen Marihuana, gehen auf eine LSD-Reise und treiben glückselig im ‚inneren Raum'. Ich will die Analogie nicht allzuweit führen; aber diese Ähnlichkeiten mögen mithelfen zu erklären, warum es die ältere Generation vorzieht, lieber nicht zu scharf zum ‚Underground' der Hippies hinzusehen und, schaut sie doch einmal hin, die Ähnlichkeit hastig von sich weist und die Rache des Himmels auf die ‚Rolling Stones' herabruft."[38]

Oder, wie ein Professor vor kurzem in seiner Oxforder Antrittsvorlesung sagte:

„Sogar die Sprößlinge der Intelligenz revoltieren dadurch, daß sie aus dem Erziehungsgang aussteigen, riskante erotische Verbindungen eingehen, ihr Äußeres verkommen lassen, vielleicht deshalb, weil sie sehen, daß ihre Eltern immer mehr von den Errungenschaften materiellen Wohlstands besessen sind und immer weniger überzeugt, daß Glaube und Gesinnung auch etwas bewirken können."

IST DER „HUMANISMUS“ EINE ALTERNATIVE?

„Malraux behauptet, daß die gegenwärtige Krise auf das Ableben des Christentums zurückzuführen sei. In einer Welt ohne Gott wird das Leben absurd; der Tod liefert den Beweis.“[39]

Julian Critchley

Dem Rückzug des Christentums lief also der Rückzug all dessen, was dreißig Jahrhunderte lang als Sittlichkeit angesehen wurde, parallel, und „man braucht kein Christ zu sein, um zu sehen, daß es in der westlichen Welt nicht einmal ein erkennbares Anzeichen gibt für etwas, das das Christentum als eine sittliche Kraft zur Erhaltung von Recht und Ordnung im Bewußtsein der Bevölkerung ersetzen könnte.“[40]

Im letzten Jahrzehnt wurde der „Humanismus“ verschiedener Spielarten als mögliche Alternative zum Christentum vorgetragen. „Ethische Humanisten“, so hieß es neulich in einer Werbeanzeige, „sind glückliche Menschen. Sie bemühen sich um eine moralische Lebensführung, die auf vernünftigem Urteil begründet ist, und sind allezeit um das Interesse und das Wohlergehen anderer besorgt. Wollen Sie ein vernünftiges, befriedigendes Leben führen, werden Sie Mitglied der ‚Ethischen Gesellschaft‘.“

Gleich daneben standen Anzeigen rivalisierender atheistischer Gruppen. „Humanisten von Format gehören der Britischen Humanisten-Vereinigung an“, konnte man lesen. Jeder kritisierte alle anderen, und alle bezeichneten sich als Humanisten — das Modewort, mit dem sich seit einer Radiosendung „Sittlichkeit ohne Religion“ im Jahre 1955 die britischen Atheisten bezeichnen.

Dieses Stückchen geschickter Blitzkriegsstrategie auf dem Boden der Sprache, — ein Wort, das ursprünglich benutzt wurde, um christliche Gelehrte wie Thomas Morus und Erasmus von Rotterdam zu kennzeichnen, wird so umgedreht, daß diese überhaupt nicht mehr als Humanisten gelten können — scheint durch die Furcht der Atheisten hervorgebracht worden zu sein, daß ihre Lehre ohne eine Tarnung in der Öffentlichkeit kaum anerkannt würde. Indem sie für sich selbst das Etikett „Humanist“ beanspruchen, legen sie die Schlußfolgerung nahe, sie seien allein oder in einzigartiger Weise menschlich oder menschenfreundlich; geradeso wie die Verkleidung der Atheisten des neunzehnten Jahrhunderts als „Rationalisten“ und „Freidenker“ den Eindruck erwecken sollte, die Christen seien unvernünftig oder geistig geknebelt.

„Humanist“ ist also das Etikett, und „Glück“ ist ihr Thema. Ihre Hauptthese besagt, daß Sittlichkeit besser ohne als mit Religion propagiert werde,

— eben die Philosophie, an die Thomas Huxley glaubte, als er das Londoner Schulwesen leitete, die er aber für undurchführbar hielt, weil sie keine Wirkung auf die Massen habe.

Im gegenwärtigen Zeitpunkt scheint die Masse des Volkes ebensowenig geneigt, dieses Evangelium zu empfangen, wie 1870. Sie weigert sich, durch Humanisten zu Atheisten umfunktioniert zu werden. Demoskopische Untersuchungen zeigen immer wieder dasselbe Muster: Die überwältigende Mehrheit der Bevölkerung bezeichnet sich auf die eine oder andere Weise als gläubig. Und eine noch größere Zahl — bei der jüngsten englischen Befragung waren es über 90 Prozent — ist für den Religionsunterricht in den Schulen, vor dem militante „Humanisten" — einen Horror haben. Denn selbst diejenigen, die nur geringe Anstrengungen machen, die christliche Lehre persönlich in die Praxis umzusetzen, wollen doch, daß ihre Kinder in dieser Lehre unterwiesen werden. Nur ein winziger Bruchteil der Bevölkerung ist der Meinung, daß Sittlichkeit auch ohne Religion mit Erfolg gelehrt werden kann.

In dieser Sache scheint die Mehrzahl des Volkes „in ihrem Geschlecht klüger zu sein als die Kinder des ‚humanistischen' Lichts." Denn die liberalen Humanisten der Moderne erreichten, wie in früheren Kapiteln gezeigt wurde, trotz ihrer glänzenden Begabung nur sehr wenig, was persönliches Glück betrifft, und vermehrten die Gesamtzahl derer, bei denen das ethische Leben auf vernünftigem Urteil beruht und die allezeit um Interessen und Wohlergehen anderer besorgt sind, nicht spürbar. Ihr Ziel war, die sittlichen Hemmungen ihrer Zeit niederzureißen, und das Ergebnis in unserer Zeit ist erschreckend. „Wenn ich keinen anderen Gott habe", bemerkte jemand, „wie kann ich da umhin, nicht für mich selbst Gott zu sein?"

Dies ist freilich genau das, was der Mensch jetzt tun soll — wenn wir auf einen führenden Humanisten, Dr. Edmund Leach, hören. Er behauptet: „Da uns die Wissenschaft die totale Beherrschung unserer Umwelt ermöglicht, müssen wir uns auch wie Götter verhalten." In einem Zeitschriftenartikel führt er das Argument noch einen Schritt weiter. Da die Wissenschaftler jetzt die „Macht der Schöpfung und Zerstörung" hätten, müßten sie lernen, „sowohl in sittlicher Beziehung als auch in schöpferischer und zerstörerischer Hinsicht, Gott zu spielen." An ihnen liege es zu entscheiden, was gut oder böse sei, und „der Wissenschaftler muß selbst die Quelle seiner eigenen Sittlichkeit sein."[41]

Wie soll das konkret aussehen? Der Molekularbiologe und Nobelpreisträger Professor F. H. C. Crick, Cambridge, ist ein ausgesprochener Atheist, der seinen Lehrauftrag am Churchill College niederlegte, weil dort ein Andachtsraum gebaut werden sollte. Er vertritt dies „neue ethische System, das sich auf die moderne Wissenschaft gründet".

Er schlägt vor, daß unter dem neuen System „kein Kind nach dem Gesetz als lebendig gelten soll, ehe es nicht zwei Tage alt ist, und daß Ärzte autorisiert werden sollen, die Hochbetagten zu töten. Wir müssen von den christlichen und den liberalen Vorurteilen loskommen. Es stimmt nicht, daß alle Menschen vor dem Gesetz gleich geboren werden, und es ist keineswegs einzusehen, daß die Rassen alle gleich begabt sind. Man kann nicht alles menschliche Leben als unantastbar betrachten."[42]

Bei einer früheren Gelegenheit, anläßlich des berühmt gewordenen Ciba-Symposions der Nobelpreisträger in London 1963, sagte Crick zu der Frage, ob jeder Mensch das Recht auf Kinder habe: „Man setzt das als selbstverständlich voraus, weil es Teil der christlichen Ethik ist, aber aufgrund humanistischer Ethik kann ich nicht einsehen, wieso die Menschen überhaupt ein Recht auf Kinder haben. Angenommen, wir wollten ein Kind machen, dessen Kopf doppelt so groß ist wie normal. Es wird da keine Übereinstimmung geben zwischen Christen und solchen Humanisten, denen dieses besondere Vorurteil über die Unverletzlichkeit des einzelnen abgeht und die das nur einmal wissenschaftlich ausprobieren wollen."

In dieser Diskussion war eine Gruppe humanistischer Wissenschaftler der Meinung, zur Verbesserung des Erbguts der Menschheit sei irgendeine Form zwangsweiser Rassenhygiene unumgänglich. Sie schlugen vor, dem Trinkwasser Chemikalien zuzusetzen, durch die die ganze Bevölkerung unfruchtbar gemacht wird, und nur denjenigen ein Gegenmittel zu geben, die die Erlaubnis erhalten, Kinder zu bekommen. Der berühmte Ernährungsexperte Colin Clarke, der ebenfalls anwesend war, bemerkte dazu, daß genau diese Art von Erbgesundheitslehre schon einmal zu der nationalsozialistischen Ansicht von der Ausmerzung lebensunwerten Lebens geführt habe. Und wenn man genauer darüber nachdenke, so sei auch Hitler nur ein Mensch gewesen, der tatsächlich dachte, „Gott spielen zu müssen".[43]

Der oben zitierte Dr. Leach beschloß seine Ausführungen mit einem Satz, der sehr nach einer auf den Kopf gestellten Logik aussieht: „Wenn es uns nicht gelingt, die nächste Generation zu lehren, daß sie nur dann wirklich Atheisten sein können, wenn sie auch die sittliche Verantwortung Gottes auf sich nehmen, dann sind die Aussichten für die Menschheit entschieden trübe." Genau das! Aber wenn Dr. Leach Gott abschafft, wird er dann seine Menschengötter auch ebenso gut wie mächtig machen?

Der Mensch kann zum Mond fliegen, aber er bringt es nicht fertig, auf der Erde in Frieden zu leben. Er ist technisch in der Lage, soweit man in die Zukunft sehen kann, die Menschheit zu ernähren, aber er hat noch nicht die Selbstlosigkeit und Sorge für andere entwickelt, die ihn anspornen könnten, eben das zu verwirklichen.

Es ist ein romantisches Hirngespinst, vom Menschen zu erwarten, daß er ohne Hilfe und ohne Änderung „die sittliche Verantwortung Gottes übernimmt."

Tatsache ist, wie Malraux sagte, daß eine Welt ohne Gott absurd ist, und es ist dem Humanismus nicht gelungen, daran vorbeizukommen. So urteilt ein Journalist:

„Chesterton dachte, wenn die Leute aufhörten, an Gott zu glauben, würden sie nicht an nichts glauben, sondern an alles mögliche. Der Humanismus hat, besonders in Verbindung mit dem sozialistischen Internationalismus versucht, eine wirkliche Alternative anzubieten; aber die Idee des Fortschritts hat im letzten halben Jahrhundert so entsetzliche Nackenschläge hinnehmen müssen, daß es eines geistigen Mutes von seltener Größe — oder aber eines selbstverleugnenden, geradezu irrationalen Glaubensaktes bedarf, um nicht überzeugt zu sein, daß wir uns faktisch im Rückschritt befinden. Chestertons Warnung hat die meisten voll überzeugt. Die Jugend aber, die die Patentrezepte ihrer Eltern, z. B. die organisierte Religion, verachtet, fällt auf die neuen Heilmittel mit der gleichen Leichtigkeit herein. Die geistige Pilgerfahrt der Beatles parodiert diesen Vorgang sehr hübsch. Erfolg und Geld: Zu leicht erfunden! Dann Rauschgift: Taugt auch nichts! Schließlich Seine Heiligkeit der Jogi: Wann wird auch er verschlissen sein?"[44]

Es scheint, daß sein Einfluß bereits verblaßt ist und daß die Straße wieder frei ist zum ursprünglichen Christentum, zurück zum „Christsein Christi". Unter der Überschrift „Der erfolgreiche Gott" bemerkt die „Times", daß Arthur Koestler und Ignazio Silone, die vor zwanzig Jahren zusammen mit anderen Kommunisten das Buch „Der erfolglose Gott" schrieben, jetzt ihre Aufmerksamkeit wieder dem Christentum zugewandt haben. In einem Artikel „Ein Wort über den Sozialismus" kommt Silone zu der überraschenden Schlußfolgerung, daß er nach allem faktisch doch Christ und daß das

Vaterunser sein tiefstes Bekenntnis sei. Koestlers Beitrag läßt Christus auf dem Wege nach Golgatha in der ersten Person mit seinem Vater die Bedeutung der Kreuzigung erörtern. Wird „der Gott, der keiner war“, jetzt von einer älteren Gottheit, die wirklich eine ist, wieder abgelöst?[45]

Es ist eine Ironie, daß gerade dann, wenn sich enttäuschte Atheisten dem Christentum zuwenden, viele christliche Theologen den Mut verlieren und anfangen, alles das preiszugeben, was der christliche Glaube und das christliche Ethos an Besonderem besitzt.

DER MISSBRAUCHTE BONHOEFFER

„Ein Metzger, der Propaganda treibt für vegetarische Kost, ist gewiß eine Rarität, aber Theologen mit stark atheistischer Neigung sind so zahlreich wie Blaubeeren im Walde.“

Malcolm Muggeridge

William Barclay, dessen neue Übersetzung des Neuen Testaments ins Englische weithin Beachtung gefunden hat und dessen Kommentare zum Neuen Testament auch im deutschsprachigen Raum viel gelesen werden, macht in seiner Auslegung zur Apostelgeschichte die Beobachtung, daß Paulus sich auf seine Mitchristen immer als auf „die Heiligen“ bezieht. „Das dort benutzte Wort, der griechische Ausdruck ‚hagios‘“, schreibt er, „wird oft mit ‚heilig‘ übersetzt. Aber seine eigentliche Bedeutung ist: ‚artverschieden‘. Es beschreibt etwas, das verschieden ist von anderem. Der Christ ist ein Mensch, der sich von den Leuten, die lediglich Menschen dieser Welt sind, zutiefst unterscheidet.“
So fährt Paulus fort, nachdem er die Christen in Rom ermahnt hat, „ihre Leiber als lebendige Opfer hinzugeben“: „Gestaltet euer Leben nicht nach dem Schema dieser Welt, sondern laßt euch vielmehr verändern durch die Erneuerung eurer Gesinnung! Dann werdet ihr auch imstande sein zu erkennen, was der gute, wohlgefällige und vollkommene Wille Gottes ist.“ (Röm. 12, 1—12.)
Die Einstellung vieler Christen, ja sogar von Kirchenführern und Theologen, einer Welt gegenüber, die dem vorchristlichen Rom ähnelt, ist genau das Gegenteil der paulinischen. Sie überschlagen sich, um sich der Welt anzupassen, anstatt sie zu verändern — und werden dabei von der Welt umgewandelt, bis man sie gar nicht mehr von den Weltmenschen, unter denen sie leben, unterscheiden kann.
Ein einfaches Beispiel dieses Vorgangs ist das Wettrennen amerikanischer Theologen aller Richtungen, das „Playboy“-Magazin hoch zu loben. Das Sex-Magazin „Playboy“, von Hugh Hefner erfunden, wird in „Life“ als „ein gutpoliertes literarisches Paket“ beschrieben, „das die Amerikaner ermuntert, sich eben dessen zu erfreuen, was sie bisher nur mit finsterem Blick betrachteten: die hemmungslose Lustsuche, die ‚Playboy‘ ‚swingendes Leben‘ nennt; außerehelichen Geschlechtsverkehr, den ‚Playboy‘ als Zeichen geistiger Gesundheit rühmt; einen süßlichen Pseudo-Intellektualismus, den ‚Playboy‘ als kultivierte Geistigkeit hinstellt.“
Hugh Hefner hat seine sogenannte „Playboy-Philosophie“ entwickelt und

in fünfundzwanzig Folgen seines Magazins dargestellt. Die ersten sieben waren der sexuellen Freizügigkeit gewidmet. „Hefners These ist, daß die Gesellschaft in den USA die gute, gesundheitsfördernde Heterosexualität zu lange und zu streng unterdrückt habe ... Und der Schurke hinter den Kulissen? Die organisierte Religion, verkündet Hefner.“[46]

Wie sah die kirchliche Reaktion auf diesen Angriff aus? Die Novemberausgabe 1966, die einen Artikel über die „Liga für sexuelle Freiheit“ brachte, beginnt mit drei Leserzuschriften von ordinierten Pfarrern, die alle etwas Angenehmes über die vorhergehenden Ausgaben zu sagen wissen. „Sie sind sich wohl im klaren darüber“, schreibt Hochwürden Charles A. Grube (Presbyterianer), „daß eine große Anzahl Pfarrer Ihr Magazin direkt als Pflichtlektüre betrachten. Herzlichen Dank für solche Artikel wie den über den ‚Tod Gottes‘ von Rev. William Hamilton.“

Die Kirche wurde zu einem derart erfolgversprechenden Arbeitsgebiet, daß „Playboy“ seinen Fußballredakteur Anson Mount abordnete, die Verbindung mit der Geistlichkeit zu pflegen. „Bis zu zwanzig Pfarrer und Theologiestudenten besuchen pro Woche die ‚Playboy‘-Büros, um das Material kennenzulernen, das Anson Mount zusammengetragen hat, und um Ideen auszutauschen ... Hugh Hefner ist in den theologischen Seminaren die schärfste Sache seit Martin Luther.“

Hefner und Mount werden von kirchlichen Gruppen in ganz Amerika eingeladen. Mount sprach mit Joseph Fletcher, Professor für Ethik an der Harvard-Universität, vor achtzig Teenagern in Elmshurst, Illinois. Professor Fletcher erklärte: „Es kommt allein auf die Situation an. In bestimmten Situationen könnte außerehelicher Beischlaf unendlich sittlicher sein als eheliche Liebe. Es könnte christlicher sein zu lügen, als die Wahrheit zu sagen. Stehlen könnte besser sein als Achtung vor dem Privateigentum.“

„Nicht jeder voreheliche Geschlechtsverkehr ist falsch“, sagte Fletcher. „In der neuen Moral ist nichts in sich selbst gut oder böse, sondern Gut oder Böse hängt davon ab, welche Wirkung eine Tat auf andere Personen hat oder nicht hat.“

Anson Mount, der Vertreter des „Playboy“-Magazins, sagte vor der Gruppe, daß die gegenwärtige Zeit mit ihrer Lockerung strenger Moralvorschriften und mit der Aufforderung zu individuellen Entscheidungen ein „goldenes Zeitalter des Christentums“ einleiten werde.

„Wir sind mitten in einer neuen Reformation und Renaissance“, sagte er und versicherte den jungen Leuten, sie hätten Glück, gerade in dieser Generation zu leben. Er beschrieb die gegenwärtige „Revolution der Moral“ als die „Ersetzung hohler Werte durch wirkliche“.[47]

Die Teenager von Elmshurst fanden es schwierig, Unterschiede zwischen der Playboy-Philosophie Mounts und der maßstablosen Sittlichkeit Fletchers zu entdecken. Tatsächlich zeigt „Playboy“ eine Tendenz zu dieser Situationsethik, deren folgerichtigster Exponent Fletcher nach dem Urteil John A. T. Robinsons ist.

Die Handlungen, die unter gewissen Umständen gerechtfertigt seien, umfassen bei Fletcher Mord, Ehebruch, Hurerei, Diebstahl, Lüge, Übertretung der bürgerlichen Gesetze und Verschwörung zum Sturz einer rechtmäßig gewählten Regierung. Es ist in der Tat überflüssig, eine solche Liste zusammenzustellen, denn Fletcher behauptet in seiner „Situationsethik“, daß innerhalb einer gegebenen Situation *alles* erlaubt sein könne und daß der „christliche Situationsethiker“ in bestimmten Situationen keine dieser Handlungen als eine Wahl zwischen zwei Übeln ansehen würde. Jede könnte die „Wahl der Liebe“ innerhalb der gegebenen Situation sein und wäre damit auch schlechthin gut, mit der absoluten Verpflichtung ihrer faktischen Verwirklichung. Darüber hinaus bedeutet „Situationsethik“ eine ausschließlich persönliche Entscheidung. „Jeder Mensch“, schreibt Dr. Fletcher, „muß entsprechend seiner eigenen Einschätzung der Lage und der sich daraus ergebenden Folgen entscheiden; niemand kann für ihn entscheiden oder die Entscheidung, zu der er gelangt, anfechten.“

Auf dieser Grundlage kann man schwerlich sehen, wie irgend jemand die Entscheidung des Attentäters von Senator Kennedy „anfechten“ oder in Frage stellen könnte. Ein Schwachsinniger oder einer, der sich einbildet, der Senator sei ein Feind seines Volkes, könnte zu der Meinung kommen, er habe die Entscheidung der Liebe gefällt. Tatsächlich dachte Robert Kennedys Mörder genau das, denn im Augenblick seiner Verhaftung brüllte er: „Ich kann es erklären! Laßt es mich erklären!“ Das Entsetzliche ist, daß er es wirklich glaubte.

Ein noch entschlosseneres Plädoyer für Gewaltanwendung als „eines legitimen Mittels, durch das die Kirche helfen kann, die Welt zu verändern“, kam von der Konferenz des Rates amerikanischer Kirchen in Detroit, November 1967. Darüber berichtet die Zeitschrift „Christianity Today“ wie folgt:

„Eine der neunundzwanzig Arbeitsgruppen war ausschließlich dem Thema ‚Die Rolle der Gewalt im sozialen Wandel‘ gewidmet. Vier Leiter dieser

Gruppe veranstalteten eine Pressekonferenz, auf der drei von ihnen äußerten, Heckenschützen im Kirchturm könnten eines Tages eine notwendige Taktik für die Kirche werden. Der offizielle Bericht dieser Arbeitsgruppe spiegelte die gleiche Unterstützung der Gewaltanwendung wider. Das erscheint einem um so unglaublicher, als der Bericht in Detroit geschrieben wurde, wo wenige Wochen vorher Gewalttätigkeiten das Leben von 43 Menschen forderten, den Besitz Unschuldiger zerstört und viele Menschen ihres Arbeitsplatzes beraubt hatten, die darauf angewiesen waren ...
Diese Theologen ‚neuen Stils' suchen nach einer ‚Theologie der Revolution'. Zu ihrer Überraschung stellen sie fest, daß die Bibel ihnen nichts Derartiges bietet. Ihr erklärtes Ziel ist, die politischen Machtverhältnisse in den großen amerikanischen Städten zu verändern, offenbar in der Annahme, daß eine Kampfgruppe von Kirchenpolitikern als unbestechliche und unfehlbare Sozialingenieure funktionieren würden. Einige scheinen keine Ahnung davon zu haben, daß Gewalt sich selbst zerstört und keine Garantien gibt für die Ziele, die ihre Vertreter erstreben, und daß die, die die Gewalt auslösen, leicht die Kontrolle darüber verlieren können und daß kein gewaltsamer Prozeß jemals die neue Gesellschaft schaffen kann, welche die Menschheit braucht ...
Die Strategie der ‚neuen Theologen' ist schmerzlich offenbar. Anstatt dem nicht wiedergeborenen Menschen und seiner Gesellschaft mit der biblischen Forderung nach Wiedergeburt zu begegnen, suchen sie Mittel und Wege, die Selbstsucht des säkularen Zeitgeistes rasch zu befriedigen. Die ‚neue Theologie' ist erkennbar willens — notfalls mit Gewalt —, die Kirche im Namen einer christlich-sozialen Aktion der säkularen Kultur anzupassen."[48]
Die Säkularisierung des Christentums wird von einer wachsenden Zahl von Theologen offen vertreten. Zu ihnen gehört Professor Harvey Cox, seinerzeit Mitvorsitzender der Detroiter Kirchenkonferenz, dessen Buch „Stadt ohne Gott" auf dem Schutzumschlag als die „Feier einer neuen Freiheit und eines neuen Horizonts, wie ihn der Mensch durch die Säkularisierung gewinnt", beschrieben wird.
Dr. Cox, Professor für Kirche und Gesellschaft an der Harvard Universität, definiert Säkularisierung als „die Erlösung des Menschen zuerst von der Religion und dann von jeder metaphysischen Kontrolle über seine Vernunft und Sprache" und fügt hinzu:
„Die Säkularisierung geht einfach an der Religion vorbei, unterwandert sie und schreitet zu anderen Themen fort. Sie hat die religiösen Weltanschau-

ungen einander gleichgesetzt, relativiert und damit entmachtet. Religion wurde zur Privatsache. Sie wird nur noch als spezifische Eigentümlichkeit, als der besondere Gesichtspunkt bestimmter Gruppen oder Personen anerkannt. Die Säkularisierung hat fertiggebracht, was Feuer und Ketten nicht vermochten: Sie hat den Gläubigen davon überzeugt, daß er im Unrecht sein könnte, und dazu gebracht zu glauben, daß es wichtigere Dinge gebe, als für seinen Glauben zu sterben. Die Götter überlieferter Religionen leben als private Götzen oder Schutzheilige geschlossener Gruppen weiter, aber sie spielen absolut keine Rolle mehr im öffentlichen Leben der säkularisierten Metropolis."

Die säkulare Stadt des Dr. Cox hat zwei Kennzeichen: „Profanität und Pragmatismus". „Profanität" definiert Cox als den „säkularen Auszug des Menschen aus dem Tempel in die Weltlichkeit". Der Mensch ist „mündig" geworden. Er hat seine kindische Abhängigkeit von Gott abgetan. Seine Erlösung wird in dieser Welt gefunden und wird vom Menschen selbst vollbracht. Der „Pragmatismus" hält mehr von geschichtlichen Handlungen als von „Sein", „Wesen" und „Bedeutung" und legt daher größten Wert auf Politik und Sozialreform als die Mittel, eine vollkommene Gesellschaft zu erreichen. Sittlichkeit nennt dieser Theologe „moralistisch", Frömmigkeit „pietistisch" und Rechtlichkeit „legalistisch".

Cox zitiert Camus, der „schlicht verlangt, daß der Mensch zwischen dem tyrannischen Gott der christlichen Theologie oder dem Ziel, ein wahrer Mensch zu sein, wähle. Nachdem er die Wahl getroffen habe, könne der Mensch seine volle Aufmerksamkeit dem Streben nach Gerechtigkeit zuwenden . . . Ich glaube", so kommentiert Cox, „daß die Wahl, vor die uns Camus stellt, unvermeidbar ist, und indem wir vor der Wahl stehen, wie er es versteht, können wir uns nur in seinem Sinn entscheiden."

Es ist eine Ironie, daß viel von diesem Weltförmigwerden der Theologie im Namen *Dietrich Bonhoeffers* betrieben wird, jenes tapferen Theologen, der von den Nationalsozialisten hingerichtet wurde, weil er sich weigerte, dem vorherrschenden Säkularismus seiner Zeit zu entsprechen. Joseph Fletcher ist freilich der Meinung, Bonhoeffer sei eben nur ungenügend situationsbestimmt gewesen, weil er den Grundsatz, daß die absichtliche Tötung alles unschuldigen Lebens falsch sei, in ein absolutes Verbot verwandelt habe; aber er nimmt Bonhoeffer trotzdem als Situationsethiker in Anspruch, ebenso wie Cox ihn für einen Säkularisierer hält.

Es stimmt natürlich, daß Bonhoeffer schon 1928 seine Gemeinde in Barcelona darauf aufmerksam machte, daß der Mensch nicht immer das Glück habe, zwischen dem richtigen und dem falschen Weg wählen zu können, sondern er stehe oft einer Entscheidung gegenüber, in der jeder mögliche Weg etwas Böses mit sich bringe. Dieses Dilemma stellte sich ihm sehr dringlich, als er während des Krieges beschloß, an einer Verschwörung gegen Hitler teilzunehmen, eine Entscheidung, welche Lüge, Täuschung und Zustimmung zu einem Attentatsversuch zur Folge hatte.

Aber nun bleibt ein wichtiger Unterschied zwischen den Schlußfolgerungen Bonhoeffers und denjenigen Fletchers. Bonhoeffer behauptete nie, daß beispielsweise Lüge oder Mord etwas anderes als böse seien, während Fletcher solche Handlungen in bestimmten Situationen — die dann noch subjektiv von der betreffenden Person selbst festgestellt werden sollen — für die Wahl der Liebe und damit zugleich für das eigentlich Gute hält.

In ähnlicher Weise meinte Bonhoeffer, als er in „Widerstand und Ergebung" (München 1955) schrieb: „Der Mensch ist mündig geworden", nicht das, was viele ihm unterstellen. In seiner Gefängniszeit hatte er sich vielleicht zum ersten Mal mit den Entdeckungen der modernen Wissenschaft beschäftigt. Aber er nahm nicht an, daß der Mensch, weil er in materieller Hinsicht zu größerer Unabhängigkeit gelangt sei, deshalb aufgehört habe, Sohn eines liebenden Vaters zu sein, oder daß Gott oder Christus eine weniger zentrale Bedeutung für das menschliche Leben hätten als vorher. Ganz im Gegenteil! Die letzte Nachricht vielmehr, die wir über ihn haben, fünf Minuten, bevor er am 9. April 1945 zur Hinrichtung geführt wurde, macht das offenbar. „Durch die halboffene Tür sah ich Pastor Bonhoeffer knieend in tiefem Gebet zu dem Herrn, seinem Gott", schrieb der Gefängnisarzt. „Die Hingabe und die offenbare Überzeugung, erhört zu werden, die ich im Beten dieses ungemein anziehenden Mannes sah, bewegten mich zutiefst."

Bonhoeffer hatte im Gefängnis beobachtet, daß die Inhaftierten „die Religion" — nämlich den selbstbezogenen, defensiven, traditionellen Betrieb eines mit sich selbst beschäftigten Kirchentums — als irrelevant betrachteten. Der Gegensatz, den er in seinem berühmten Ausdruck „religionsloses Christentum" aufstellte, besteht zwischen dieser belanglosen Religion einerseits und dem lebendigen Christus andererseits. „Der isolierte Gebrauch und die Weitergabe des berühmten Ausdrucks ‚religionsloses Christentum'", sagte Eberhard Bethge, Bonhoeffers nächster Freund und der Empfänger jener Briefe, in einem Vortrag in der Kathedrale von Coventry am 30. Oktober 1967, „hat Bonhoeffer zum Vorkämpfer eines undialektischen flachen Modernismus gestempelt, der alles das verfinstert, was er eigentlich über den lebendigen Gott sagen wollte."

Mary Bosanquet schreibt in ihrem an Einsichten reichen Buch „Leben und Sterben Dietrich Bonhoeffers", daß einige Ausdrücke aus Bonhoeffers Gefängnisbriefen „angeeignet und fortgeschleppt worden seien — wie Steine von einer halbfertigen Kirche —, um sie als Fundament eines theologischen Überbaus zu verwenden, für den Bonhoeffer selbst jede Verantwortung abgelehnt hätte." Die sie fortschleppten, verstanden oft nicht den Unterschied, den Bonhoeffer zwischen dem „Letzten", jenen Wahrheiten, die in Jahrhunderten nicht wanken, und dem „Vorletzten", der Art und Weise, in der jede Generation diese Wahrheiten ausdrückt, machte. Vom „Vorletzten" schrieb er in seinen Gefängnisbriefen, da das Wissen um das „Letzte" unter Mitarbeitern, die sich so nahestanden wie Bonhoeffer und Bethge, vorausgesetzt wurde, und es daher unnötig war, es in einer so privaten Korrespondenz nochmals zu wiederholen. In ihrem Nachwort schließt Mary Bosanquet:

„Bonhoeffer sah die heutige Aufgabe der Kirche klar voraus, nämlich sich voll mit der modernen Welt zu identifizieren, ohne doch ihre Identität als christliche Kirche zu verlieren. Bonhoeffer wird ständig als der Prophet der Solidarität mit der Welt angeführt; daß es ihm ebenso um die Identität des Christen ging, wird gemeinhin vergessen.

Er wie auch Bethge bezeichnen das Mittel, mit dem diese Übereinstimmung durchgehalten wird, mit dem Ausdruck ‚Arkandisziplin', während die Forderung der Solidarität mit der Welt in dem Ausdruck ‚religionsloses Christentum' zusammengefaßt wird, oder in der Formel ‚weltlich von Gott reden'. Arkandisziplin bedeutet für ihn Gebet, Meditation, Gottesdienst, Empfang der Sakramente; religionsloses Christentum bedeutet vollkommene Offenheit zur Welt hin, bedeutet ohne jede Reserve ‚Mensch für andere' zu sein.

Die Gefängnisbriefe in ‚Widerstand und Ergebung', den meistgelesenen und zitierten aller Werke Bonhoeffers, untersuchen eingehend die Probleme der Solidarisierung, denen sich der Christ in diesem Jahrhundert gegenübersieht, während sie wenig über seine Arkandisziplin aussagen, durch die sein Leben als Christ aufrechterhalten wird. Was der Briefschreiber nicht sagte, das lebte er täglich und stündlich, und die Beredsamkeit seines Lebens wiegt die Zurückhaltung seiner Briefe auf."

Mary Bosanquet weist darauf hin, daß Bonhoeffers Entdeckung der christlichen Existenz ihren Höhepunkt in einer früheren Lebensperiode hat; sie gipfelt in seinen Büchern „Nachfolge“ und „Gemeinsames Leben“. „Es ist ein Hindernis zum vollen Verständnis dessen, was Bonhoeffer war und bedeutet“, schließt sie, „daß Abschnitte aus ‚Widerstand und Ergebung‘ so oft zitiert werden, als ob sie das Ende einer theologischen Lebensfahrt darstellten anstatt eines ganz tastenden Beginns. Wir alle können nur versuchen zu raten, wie die Fahrt wohl weitergegangen wäre. Aber eins darf als sicher gelten: Die Erforschung der Mittel, sich mit der Welt zu solidarisieren, hätte Bonhoeffer niemals um den Preis seiner christlichen Existenz betrieben.“

Es ist genau dieser Verlust der christlichen Identität, der der gemeinsame Nenner eines großen Teils der modernen Theologie zu sein scheint. Ihr Bahnbrecher Rudolf Bultmann übernimmt ideologische Voraussetzungen des „modernen Menschen“ und gebraucht diese als eine Art Filter, durch den die Lehre der Bibel hindurch muß. Der moderne Mensch, meint er, werde niemals Geschichten wie die Wunder Christi oder die Auferstehung schlukken, bei denen ein außerweltlicher Gott in eine Welt eingreift, die von Naturgesetzen regiert wird. Deshalb muß das Evangelium entmythologisiert werden. Bultmann läßt den Begriff „Gott“ noch bestehen, aber sein Schüler Herbert Braun in Mainz führt die Methode zu ihrem logischen Schluß und interpretiert auch das Wort „Gott“ als bloßes Symbol für die Tiefe der „Mitmenschlichkeit“. Was bleibt da noch von christlicher Identität?

Ganz ähnlich scheinen die „Gott-ist-tot“-Theologen in Amerika ihre erstaunlichen Ansichten mindestens ebensosehr davon abzuleiten, was sie für den gegenwärtigen Stand der öffentlichen Meinung des Säkularismus halten, wie von irgendeinem klaren Glauben oder Unglauben.

„Einige der ‚Gott-ist-tot‘-Professoren schrecken nicht davor zurück, sich als Atheisten zu bezeichnen, eine kesse Drapierung, die zwar nicht das Gespräch erleichtert, aber wenigstens Schlagzeilen liefert. Sie scheuen keine Mühe, sich als christliche Atheisten zu etablieren, und deuten an, sie seien gerade deshalb Atheisten, weil sie Christen seien. Wie verwirrend das einem auch vorkommt, ihre auf Dialektik und Paradoxie beruhende Gedankenführung ist noch verworrener, als man manchmal meint.“[49]

William Altizer gibt eine Andeutung seiner verschlungenen gedanklichen Pfade, wenn er schreibt:

„Wir können uns nicht einer neuen Form des Glaubens öffnen, während wir noch an den ursprünglichen Gott gebunden bleiben, der sein Wort ein für allemal offenbart hat. Wir werden niemals eine neue Reformation erleben, ehe wir uns nicht von dem Gott unserer christlichen Vergangenheit befreien ... Wenn der Glaube nun einer Welt gegenübersteht, in der Gott tot ist, und wenn diese Welt sowohl außerhalb als auch innerhalb des Glaubens gegenwärtig ist, dann kann der Glaube nur so zu der Welt reden, daß er das Wort vom Tode Gottes ausspricht." Mit anderen Worten: Altizer hofft, die Anerkennung des säkularen Menschen zu gewinnen, indem er sich seiner säkularen Ansicht über Gott anpaßt. John Bennett, der Präsident des „Union Theological Seminary" in New York, bemerkt hierzu:

„Es ist schwer, das überhaupt als Theologie ernst zu nehmen, außer daß es sich um eine Proteststimme gegen die Unwirklichkeit so vielen Redens über Gott handelt. Wenn es hier faktisch heißt: ‚Gott ist tot; es lebe Jesus', dann wird eine Art christlichen Denkens entworfen, dem keine lange Lebensdauer beschieden sein kann. Es wäre wirklich ein Wunder, wenn der säkularisierte Mensch, der nicht an Gott glauben kann, auf die Dauer die zentrale Stellung Jesu Christi festhalten und in irgendeinem Sinne echt von der Auferstehung reden könnte."

Altizer geht über die Leugnung der Auferstehung noch hinaus. Er leugnet, daß Gott überhaupt irgendeine Bedeutung für die heutige Welt haben könne. Er schreibt: „Es ist für einen verantwortlichen Menschen unmöglich zu meinen, wir könnten Gott noch geistig erfassen und erleben in der Natur, in der Geschichte, auf dem Felde der Wirtschaft oder Politik oder irgendwo, wo es wirklich modern zugeht, sei es in Gedanken oder Erfahrungen."

„Das christliche Gedankengut", kommentierte der Anglikaner Harry Blamires, „ist in einem solchen Maß von Schwäche und Mangel an Selbstbewußtsein dem modernen Trend erlegen, wie es in der christlichen Geschichte einzigartig ist."

Man fragt sich, ob dieser Verlust an Mut nicht in vielen Fällen in einem Glaubensverlust wurzelt und in der Weigerung, jene oft kostspieligen Experimente zu wagen, die in der ganzen Geschichte den Gehorsam des Menschen erprobt und den Glauben an den allgegenwärtigen Gott bestätigt haben. Niemand, der Gott faktisch in seinem täglichen Leben erfahren hat, könnte mit Altizer sagen, daß wir „Gott nirgendwo, wo es wirklich modern zugeht, sei es in Gedanken oder Erfahrungen, geistig erfassen und erleben können."

Anmerkung

Mary Bosanquet, deren gewichtiges Buch über Bonhoeffer wir in diesem Kapitel zitiert haben, starb an Krebs, als unser Buch sich im Druck befand. Sie war so gütig, während ihrer letzten Krankheitszeit unsere Darlegungen zu lesen und zu korrigieren.

ZWEITER TEIL:
CHRISTEN OFFENSIV

DER KONFLIKT ZWISCHEN MATERIALISMUS UND WISSENSCHAFT

Arnold Lunn

I

Eine Unzahl von Artikeln ist über den nicht vorhandenen Gegensatz zwischen Religion und Wissenschaft geschrieben worden, jedoch viel zu wenige über den wirklich vorhandenen Widerstreit von Wissenschaft und Materialismus. Die Verteidiger des Christentums sind überhaupt noch nicht richtig darauf aufmerksam geworden, daß im letzten halben Jahrhundert die sowieso unzureichenden Begründungen des Materialismus praktisch zerstört worden sind.

In diesem kurzen Kapitel kann ich die Ergebnisse von Versuchsreihen über außersinnliche Wahrnehmungen nur umreißen. Der größte Bahnbrecher in diesem Zweig der Wissenschaft war J. B. Rhine, Professor für Psychologie an der Duke Universität, USA, der seine Experimente in seinem berühmten Buch „The Reach of the Mind" (Die Reichweite des Geistes) beschrieb.[50] Einer seiner Kollegen beschreibt Professor Rhine im Vorwort zu diesem Buch als einen „fanatischen Anhänger der Wissenschaft, der ihn sofort als Abtrünnigen verdächtigen würde, wenn er ihn auch nur bei der Lektüre eines Buches über Metaphysik oder Religion anträfe".

Die meisten der Rhineschen Experimente wurden mit Karten durchgeführt, die fünf verschiedene Zeichen trugen: Kreis, Kreuz, Wellenlinie, Quadrat und Stern. Die ganze Packung bestand aus fünfundzwanzig Karten, für jedes der fünf Zeichen fünf Karten.

In den Tests für *Telepathie* (Gedankenübertragung) deckte Rhine oder sein Assistent J. G. Pratt eine der Karten auf, die umgedreht auf dem Tisch lagen, sah sich die Karte an, und die Testperson versuchte sie zu benennen, ohne sie selbst gesehen zu haben. In den Tests bezüglich *Hellsehen* versuchte die Testperson, die Karte zu nennen, bevor sie überhaupt aufgedeckt worden war. In Versuchsreihen anderer Experimentatoren machte man den Versuch, eine Karte in einer bestimmten Lage zu benennen, bevor die Karten überhaupt gemischt und ausgelegt worden waren. Dieser Test galt der Erforschung des Vorherwissens.

Ein Bericht an die britische Society for Psychological Research (Gesellschaft für psychologische Forschung) bezeichnet unter vielen erfolgreichen Tests über Telepathie diejenigen, an denen Sir Gilbert Murray und Professor Arnold Toynbee, der gefeierte Historiker, teilnahmen, als „wahrscheinlich die wichtigsten, die jemals zur Kenntnis der Gesellschaft gelangt seien, sowohl wegen ihres häufig glänzenden Erfolgs als auch wegen des Ranges der Testpersonen".

Die Ergebnisse der Telepathie- und Hellsehen-Versuche durch Rhine und Pratt waren sensationell. Dr. D. J. West schrieb in der Fachzeitschrift „Psychical Research Today“ (Psychologische Forschung heute), die Chancen für das Ergebnis richtigen Erratens, wie es hier erzielt wurde, stünden an sich hundert Milliarden zu eins.

Er schlußfolgerte:

„Die parapsychologische Forschung hat uns auf jeden Fall gezeigt, daß es im menschlichen Geist etwas gibt, das sich nicht mit bloß materialistischen Begriffen erklären läßt, und das macht es z. B. unmöglich, die Idee eines Weiterlebens nach dem Tode mit dem materialistischen Argument zu erledigen.“
Einer der bekanntesten Zoologen des 20. Jahrhunderts, Professor Sir Alister Hardy von Oxford, kommt angesichts dieser Versuche zu dem Schluß: Die „merkwürdigen Tatsachen“, die er für durch die parapsychologische Forschung festgestellt hält, hätten „bewiesen, daß, wie ich meine, die materialistische Auffassung von der menschlichen Personhaftigkeit unhaltbar ist“.

Es ist wichtig, zwischen Okkultismus, wie z. B. Zauberei, und der wissenschaftlichen Untersuchung von Erscheinungen, wie der außersinnlichen Wahrnehmung, die scheinbar unmöglich mit der Wissenschaft in Übereinstimmung gebracht werden können, zu unterscheiden.

Die ungeprüfte und verachtungsvolle Zurückweisung unerklärlicher parapsychologischer Erscheinungen, wie wir sie von Julian Huxley und anderen großen Materialisten kennen, ist historisch wichtig als ein klassisches Beispiel des Konflikts zwischen der Wissenschaft, deren Horizont unbegrenzt ist, und der Pseudowissenschaft, die die Untersuchung von Erscheinungen, die mit den Lehrsätzen der Pseudowissenschaft nicht in Übereinstimmung gebracht werden können, verdammt.

Es ist durchaus verständlich, daß Wissenschaftler zögern, Erscheinungen zu untersuchen, die in Kreisen konservativer Wissenschaft mit tiefem Mißtrauen betrachtet werden. Aber es ist viel schwieriger, das fast allgemeine Versagen der christlichen Apologeten zu verteidigen, sich über diese Versuchsergebnisse zu informieren und aus ihnen Schlüsse zu ziehen, diejenigen Versuche nämlich, die in ihrer Konsequenz den Materialismus, der das Christentum ablösen soll, zerstören.

II

„Wenn auch die Wissenschaft", schrieb ein bekehrter Agnostiker, „jetzt kein Stock mehr ist, mit dem man die Religion prügeln kann, so ist doch die Verachtung der Religion durch den einfachen Mann die Auswirkung der Wissenschaft!"

Nein, nicht der Wissenschaft, sondern der Pseudowissenschaft, dieser Art Sekte des neunzehnten Jahrhunderts, die ihre besondere Auslegung der Wissenschaft zur Propaganda für ihren Atheismus benutzte. Der gegenwärtige Niedergang der Religion ist teilweise, vielleicht sogar hauptsächlich, auf das klägliche Versagen der damaligen Theologen zurückzuführen, diese neue Sekte nicht nur zu erkennen, sondern auch sofort deutlich zu kennzeichnen. In unserem Jahrhundert fangen wir endlich an, das Wort „Pseudowissenschaft" zu gebrauchen, um diese Geisteshaltung zu kennzeichnen. Es hat noch niemals einen echten Gegensatz zwischen Religion und pragmatischer Wissenschaft gegeben und gibt ihn auch heute nicht. Aber es besteht ein wirklicher Konflikt zwischen Wissenschaft und Pseudowissenschaft, Wissenschaft und Wissenschaftsgläubigkeit.

Der „einfache Mann" der neuen Aufklärung glaubt nur zu gern an den märchenhaften Gegensatz zwischen Wissenschaftlern, deren Schlußfolgerungen auf klarer Berechnung und objektiven Beweisen gründen, und Christen, die ihre Dogmen in blindem Glauben übernehmen. Der wirkliche Gegensatz besteht aber zwischen Christen, die den Zweifler durch vernünftige Beweisgründe zu überzeugen suchen, daß Gott existiert, daß die Evangelien historisch zuverlässig sind und daß alle Versuche, die Entstehung des Christentums ohne die Auferstehung Christi zu erklären, jämmerlich fehlgeschlagen sind, und jenen Pseudowissenschaftlern, die von uns verlangen, in blindem Glauben ihr Grunddogma zu übernehmen, daß die Wissenschaft die Existenz einer übernatürlichen Welt widerlegt hat. Zur Untermauerung dieses Dogmas sind zu keiner Zeit Beweise vorgebracht worden. Vielmehr gab Professor J. B. S. Haldane, ein überzeugter Atheist, zu, die Wissenschaft könne nicht beweisen, daß Wunder unmöglich seien. Aber Wissenschaftler sind nicht mehr als Theologen vor der Versuchung gefeit, sich vom Wunschdenken leiten zu lassen, einem Denken, das jedem Beweisstück, welches in die gewünschte Richtung weist, zu viel Bedeutung beimißt.

Der schon genannte Zoologe Alister Hardy schreibt einmal über die Grenzen wissenschaftlicher Unvoreingenommenheit: „Einige Leute, gedankenlose Menschen, bilden sich ein, alle wissenschaftliche Forschung müsse mit kalter

Unvoreingenommenheit durchgeführt werden. Dies ist das Ideal, aber es ist oft, ich würde sogar sagen normalerweise, unmöglich; und wir müssen das erkennen. Wenn das, was wir untersuchen, nur die materielle Welt betrifft, so könnten wir ein solches Über-der-Sache-Stehen vielleicht erreichen. Aber sogar dort stehen wir in Gefahr, uns einzubilden — haben wir erst eine Lieblingshypothese entwickelt, von der wir meinen, sie stimme —, daß wir gerade die Resultate bekommen, die wir erwarten. Der Wissenschaftler, der Phantasie hat, der fruchtbare Ideen entwickelt, ist wie ein Künstler, der eine gewisse, wenn auch vielleicht unangebrachte Zuneigung zu den Kindern seines schöpferischen Denkens hat."

Die Zahl der Theologen, die bereit waren, Glaubenssätze oder Erscheinungen zu untersuchen — wenn auch nur zum Zweck einer angemessenen Widerlegung —, Erscheinungen, die schwer in Übereinstimmung mit ihrer Rechtgläubigkeit zu bringen sind, war bei weitem größer als die Zahl der Wissenschaftler, die gleicherweise bereit sind, Erscheinungen der Wirklichkeit zu untersuchen, die mit der Philosophie der modernen Wissenschaft, dem Materialismus, in Konflikt stehen.

Sogar Wissenschaftler, die den Materialismus ablehnen, sind, mit seltenen Ausnahmen, sehr zurückhaltend gewesen, Phänomene zu untersuchen, deren Wirklichkeit schwer mit wissenschaftlicher Rechtgläubigkeit in Übereinstimmung zu bringen ist, etwa die Phänomene, die mit der parapsychologischen Forschung zusammenhängen. Charakteristisch war Thomas Huxleys Reaktion auf die Einladung durch die „Dialektische Gesellschaft", er möge doch dem Ausschuß beitreten, den man ernannt hatte, um die psychischen Erscheinungen, die das Medium David Hume produzierte, als betrügerisch zu entlarven, wie man anfänglich hoffte. Hume, der glaubte, er habe die Mission, die Unsterblichkeit zu beweisen, nahm niemals Geld und wies einmal das Angebot von zweitausend englischen Pfund für eine einzige Sitzung zurück. Eine sehr erfreuliche Eigenschaft von Humes Medialität war die ungewöhnliche Gelegenheit, die dem Sehen eingeräumt wurde. Hume ließ bei seinen Sitzungen niemals verdunkeln.

Das Komitee von vierunddreißig Leuten, Mitgliedern wissenschaftlicher Gesellschaften, Ärzten und Juristen, war widerwillig gezwungen zu berichten, daß sie Zeugen paranormaler Erscheinungen gewesen seien, wie „schwerer Körper — in einigen Fällen Menschen —, die sich langsam in die Luft erheben und dort ohne sichtbare oder tastbare Stützen stehen bleiben".

Die „Dialektische Gesellschaft" war dermaßen entsetzt von dem Bericht des

Ausschusses, daß sie sich weigerte, ihn zu veröffentlichen. Aber nachdem der Ausschuß den Bericht auf eigene Kosten hatte drucken lassen, lud die Gesellschaft Huxley ein, dem Komitee beizutreten und die Untersuchung fortzuführen.

Huxley weigerte sich. Er hätte behaupten können, er sei anderweitig zu sehr beschäftigt. Statt dessen machte er eine verächtliche Bemerkung über den Spiritismus, als ob die Bestätigung von gewissen paranormalen psychischen Phänomenen notwendigerweise die Übernahme des Spiritismus zur Folge haben müsse. „Nehmen wir an, die Phänomene seien wahr", schrieb er, „so interessieren sie mich doch nicht." Genausogut hätte er schreiben können: „Nehmen wir an, die Phänomene gibt es wirklich, so sind sie doch unmöglich mit der wissenschaftlichen Rechtgläubigkeit in Übereinstimmung zu bringen, und ich wage es nicht, meinen Glauben einer solchen Versuchung auszusetzen."

Huxley verhielt sich tatsächlich ähnlich wie jene Theologen, die sich weigerten, Fossilien zu betrachten, damit die Versteinerungen ihre Auffassung von der Schöpfungsgeschichte nicht erschüttern könnten.

Sir Alister Hardys vorsichtige Kritik der „wissenschaftlichen Unparteilichkeit" mag durch den Widerwillen der meisten Wissenschaftler verstärkt worden sein, das, was für die außersinnliche Wahrnehmung spricht, überhaupt nicht erst zu untersuchen.

Er widmet ein ganzes Kapitel seines Buches „Der lebendige Strom" den Ursachen, „warum die meisten Wissenschaftler eine Abneigung gegen diese Dinge haben", Gründe, die er selbst für unzureichend hält. „Es kann keinen Zweifel geben, daß die beschriebenen Ereignisse wirklich geschahen und zutreffend wiedergegeben wurden, daß die Chancen gegen ihr rein zufälliges Geschehen sich wie Milliarden zu eins beliefen."

Sir Alister ist sich dessen voll bewußt, daß die Annahme dieser Phänomene als bewiesen „mit einem oder mehreren der begrenzenden Grundartikel der Wissenschaft in Konflikt steht", d. h. mit denen der vorherrschenden Denkweise in der modernen Wissenschaft. Es ist durchaus verständlich, daß Wissenschaftler zögern, für Überzeugungen einzutreten, deren Unterstützung ihre Laufbahn ruinieren könnte. Professor Rhine behauptet, daß die Furcht, welche die wissenschaftliche Annahme von „psi", nämlich der außersinnlichen Wahrnehmung und der Psychokinese (PK), verhindert, eine rein soziale ist: die Angst nämlich, in seinem Beruf an wissenschaftlichem Rang zu verlieren ... Viele Wissenschaftler haben hier im geheimen schon expe-

rimentiert. Oft hören wir über diese Bemühungen nur indirekt — es sei denn, daß nur Zufallsresultate erzielt wurden.
Es ist sicher, ja lobenswert, nur negative Ergebnisse zu veröffentlichen. Die schaden einem nicht! Aber gelegentlich erfahren wir von erfolgreichen und wertvollen Experimenten. Und dann teilt man uns mit, daß ein Bericht aus „beruflichen Gründen" unterlassen werden müsse. „Meine Familie muß leben", sagte einer der Experimentatoren, „mein Institut würde sich beschweren" ein anderer. „Jeder Mitarbeiter meiner Abteilung würde mich kritisieren, und ich soll doch nächstens Vorsitzender werden", sagte ein anderer.

III

„Es ist schwer", urteilt der bekannte anglikanische Autor Harry Blamires, „den vollständigen Verlust intellektuellen Selbstbewußtseins in der Kirche des zwanzigsten Jahrhunderts mit Worten angemessen zu beschreiben." Dieses pessimistische Urteil wird von dem Londoner Theologen E. L. Mascall bestätigt, der von einem „Verlust an Mut" schreibt, „der so viele zeitgenössische Theologen in eine totale Kapitulation vor ihrer säkularen Umgebung getrieben hat."
Ein schlagendes Beispiel für diese fast „totale Kapitulation" ist das — bis auf ein paar Ausnahmen — klägliche Versagen der Christen, eine Haltung kritischen Interesses an der Kontroverse um die *Evolutionstheorie* einzunehmen. Es wäre freilich verheerend für das Christentum, wenn es sich mit einer besonderen Richtung entwicklungsgeschichtlichen Denkens identifizierte. Aber es ist bereits blamabel genug, daß die Christen nicht beständig darauf hinweisen, wie die Wissenschaftler selber in dieser Sache ebenso geteilter Meinung sind und daß die Entwicklungslehre von zahlreichen Wissenschaftlern faktisch weniger aus wissenschaftlichen als aus theologischen Gründen übernommen wurde.
Darwin hatte hinsichtlich seiner Evolutionstheorie bereits Vorgänger gehabt, und sein ungeheurer Erfolg war teilweise auf die Tatsache zurückzuführen, daß seine rein materialistische Deutung der Entwicklungsgeschichte zu einer Zeit veröffentlicht wurde, als die Mehrzahl der Wissenschaftler eine Alternative suchte für das, was Huxley „die unhaltbare Theorie einer speziellen Schöpfung" (durch Gott) nannte.
Die wirkliche Schwierigkeit der Theorie über die Entstehung der Arten liegt in den fehlenden Beweisketten, nicht etwa nur in den fehlenden Glie-

dern der geologischen Urkunden. Ein bekannter französischer Paläontologe, Lecomte du Noüy, der der Meinung ist, es sei heute beinahe unmöglich, kein Evolutionist zu sein, weist andrerseits in seinem Buch über die menschliche Evolution darauf hin, daß, soweit die Beweismittel der Fossilien reichen, „jede Gruppe, Ordnung oder Familie plötzlich entstanden zu sein scheint und wir kaum je die Formen finden, die sie mit der vorhergehenden Art verbinden. Wenn wir sie finden, so sind sie bereits vollkommen in ihrer eigenen Art entwickelt. Wir finden nicht nur praktisch keine Übergangsformen, sondern es ist allgemein unmöglich, eine neue und eine alte Gruppe glaubhaft zu verbinden."

Huxley sagte 1862 in einer Rede vor der Geologischen Gesellschaft: „Fragt man: Was beweist ein unparteiischer Überblick über die positiv gesicherten Ergebnisse der paläontologischen Forschung, der Fossilienuntersuchung im Hinblick auf die herrschenden Auffassungen von einer fortschreitenden Veränderung, d. h. Evolution?, so muß ich antworten: Er negiert diese Lehren, denn er erbringt entweder keinerlei Beweise für solche Veränderungen oder zeigt, daß dieselben nur sehr gering gewesen sind." Nichtsdestoweniger akzeptierte Huxley die Entwicklungslehre als die einzig vorhandene Alternative zur Schöpfungslehre.

Die Evolutionstheorie wurde tatsächlich aus theologischen, nicht etwa aus wissenschaftlichen Gründen übernommen, nicht etwa, weil sie aus den Urkunden der Natur bewiesen wäre. Es ist genauso unwissenschaftlich, der Entwicklungslehre zuzustimmen, weil man die spezielle Schöpfungslehre ablehnt, wie die Entwicklungslehre abzulehnen, weil man der speziellen Schöpfungslehre anhängt. Es wurde bereits gesagt, daß Wissenschaftler die Entwicklungslehre annehmen mußten, weil sie keine andere vernünftige Möglichkeit sahen. Dann wäre aber die agnostische Alternative noch vernünftiger und sachgemäßer gewesen, nämlich das Eingeständnis, daß die Entstehung der Arten ein ungelöstes Problem ist.

So schrieb der große Biologe Reinke um die Jahrhundertwende: „Die einzige Feststellung, welche die Wissenschaft treffen kann und die mit ihrer Würde vereinbar ist, ist die, daß sie nichts über die Entstehung des Menschen weiß."[51] Während die früheren Evolutionisten noch überzeugt waren, daß weitere Forschung durch neue Beweise für die Entwicklungslehre belohnt werden würde, hat später die agnostische Einstellung zugenommen. „Die Forschung entdeckte bald, daß die Fossilien mehr Probleme schaffen als lösen. Der ‚Glaube' hat dem Agnostizismus Platz gemacht."[52]

Es scheint auch ein Wiederaufleben dessen zu geben, was man die Wallace-Evolution nennen kann. Wallace, der mit Darwins Abfassung der Lehre von der natürlichen Auslese als dem Mittel der Entwicklung zusammenarbeitete, glaubte nicht, daß allein die Kräfte der Natur für den Aufstieg des Menschen verantwortlich sein könnten. Er meinte, „daß es drei Stufen der Entwicklung der Organismen gegeben habe, jeweils notwendig durch das Eingreifen einer neuen Ursache oder Kraft ausgelöst: die erste, als die erste lebende Zelle geschaffen wurde; die zweite, als sich das Tierreich vom Pflanzenreich trennte; die dritte bei der Entstehung des Menschen."

Unter den Modernen könnte man Alister Hardy als einen Wallace-Evolutionisten bezeichnen. Er glaubt auf keinen Fall, daß die Evolution allein durch materielle Vorgänge erklärt werden kann. Er sagt, er sei zwar „weit davon entfernt, ein gläubiger Christ zu sein", aber in seinem Buch „The Living Stream" (Der lebendige Strom) schreibt er:

„Es war nicht so sehr die Tatsache der Evolution, die so zerstörend auf den Glauben wirkte, sondern die wachsende Furcht, angefacht durch die Behauptungen der Wissenschaft, daß es sich doch nur um einen materialistischen Vorgang handeln könne. Deshalb habe ich in diesen Vorlesungen so viel Zeit darauf verwandt zu zeigen, daß der bisher allgemein angenommene Mechanismus einer natürlichen Auslese allein durch die physikalische Einwirkung der Umwelt keineswegs das Ganze der Entwicklungsgeschichte erklärt."

Nebenbei darf jeder Kritiker, der noch das Vorurteil besitzt, daß man erst entdecken muß, was ein Mensch glaubt, bevor man seine Ansichten angreift, durchaus mit Recht annehmen, daß auch ich ein Wallace-Evolutionist bin. Die Wissenschaft hat, geradeso wie das Christentum, ebenfalls ihre „Fundamentalisten", die ihre grundlegenden Ansichten auf dem Wege des Glaubens übernehmen und die auf die Kritik ihrer Ansichten mit persönlichen Angriffen auf den Kritiker reagieren. Geradeso, wie gelegentlich ein Theologe christliche Kritiker, die nicht seine private Auffassung von Theologie teilten, als antichristlich verschrieen hat, so bilden sich die Evolutions-Fundamentalisten oft ein, daß alle Kritiker der Evolutionslehre antiwissenschaftlich seien. Ich erinnere mich einer Bemerkung von H. G. Wells über ein Buch, das kürzlich erschienen war: „Ich nehme an, Sie freuen sich, daß hier ein Wissenschaftler sein eigenes Nest beschmutzt": Ganz im Gegenteil! Was mich freut, ist, einen Wissenschaftler wie Hardy zu entdecken, der ein falsch gebautes Nest neu einrichtet.

Das große Werk „Die Wissenschaft vom Leben“ enthält ein charakteristisches Beispiel dieses evolutionären Fundamentalismus: „Die Tatsache einer organischen Evolution“, schreiben die Verfasser, Sir Julian Huxley und H. G. Wells, „kann heute nicht mehr geleugnet werden, es sei denn durch unwissende und abergläubische Geister.“ Meint also Huxley wirklich, daß z. B. Larousse, einer der renommiertesten Verleger nicht nur Frankreichs, sondern der ganzen Welt, einen „offenbar unwissenden und abergläubischen“ Autor beauftragen würde, denjenigen Band der „Encyclopédie Française“ herauszugeben, der den „Lebewesen, Pflanzen und Tieren“ gewidmet ist? Der Schlußsatz dieses Bandes stammt von Paul Lemoine, dem früheren Direktor des Nationalmuseums für Naturgeschichte in Paris, und hat die Überschrift: „Was sind die Evolutionstheorien wert?“ Lemoines Antwort lautet:
„Die Evolutionstheorien, die unserer studentischen Jugend schon an der Wiege gesungen wurden, stellen ein Dogma dar, das alle Welt fortfährt zu lehren. In Wirklichkeit aber kommen Zoologen und Botaniker in je ihrem Spezialfach zu dem Schluß, daß keine der angebotenen Erklärungen hinreichend ist.“ Lemoine analysiert dann die Schwierigkeiten, die Evolutionslehre mit den Ergebnissen der Paläontologie und Biogeographie in Übereinstimmung zu bringen, und zieht die Schlußfolgerung: „Aus dieser Zusammenfassung geht hervor, daß die bisherige Theorie der Evolution unmöglich ist . . . Man muß einmal den Mut haben, das zu sagen, damit zukünftige Generationen ihre Forschungen in einer anderen Weise betreiben.“
„Man muß den Mut haben.“ In der Tat! Denn, so schreibt Thomas Dwight, Professor der Anatomie an der Harvard-Universität: „Die Tyrannei des Zeitgeistes in Sachen Evolution hat einen Grad erreicht, von dem Außenstehende keine Ahnung haben. Nicht nur, daß (wie ich in meinem Falle selbst zugebe) unsere Denkweise beeinflußt wird, sondern man verfolgt Andersdenkende wie zu Zeiten einer Schreckensherrschaft. Wie viele der hervorragenden Repräsentanten der Wissenschaft wagen denn auszusprechen, was sie im tiefsten wirklich denken?“
Die Evolutionstheorie ist ein Grunddogma nicht nur des Rationalismus, sondern des modernen Denkens überhaupt; und es ist niemals leicht, gegen die Tyrannei der gerade herrschenden Mode anzugehen, sei diese nun sozialer oder intellektueller Art. Dieses verständliche Zögern erklärt letzten Endes auch, warum die meisten Christen die rein materialistische Deutung der Evolution unkritisch übernehmen. Ich glaube, daß man uns heute höher

achten würde, wenn wir uns von Anfang an nicht für die Annahme oder Ablehnung der Evolutionstheorie eingesetzt, sondern eine wirklich wissenschaftliche Methode verlangt und uns geweigert hätten, das als zwingend bewiesen anzusehen, was nur wahrscheinlich, aber keinesfalls gewiß war. Wiederum sollten wir uns nicht mit der falschen Annahme zufriedengegeben haben, daß es nur zwei Alternativen gäbe, nämlich die spezielle Schöpfungslehre durch Gottes unmittelbares Eingreifen und die materialistische Entwicklungstheorie. Wir hätten in unseren Schulen verlangen sollen, daß die Wallacesche Evolutionstheorie zumindestens geprüft würde.

Noch unbegreiflicher ist unser Versagen, den unehrlichsten aller wissenschaftlichen Bluffs zu entlarven, nämlich die im Titel von Darwins Buch „Über die Entstehung der Arten" stillschweigend eingeschlossene Behauptung, daß die Entwicklung der Arten auch die Herkunft der Arten erkläre. Denn der erste Ursprung aller Arten auf einem leblosen Planeten ist das eigentliche Problem, zu dem der Atheismus keinen Schlüssel besitzt.

Kein Atheist bestreitet, daß es in dem ursprünglich feuerflüssigen Zustand unseres Planeten kein Leben gab und daß die wirkliche „Entstehung der Arten" in einer Zelle liegt, die nicht nur sich selbst ernähren, sondern auch den Funken des Lebens weitergeben konnte.

„Eine repräsentative Zelle", schrieb J. B. S. Haldane, „enthält über zehntausend, aber weniger als eine Million unterschiedlicher chemischer Substanzen. Sobald es zehntausend Biochemiker auf der Erde gibt, wird es Zeit, sie um die Herstellung einer Zelle zu bitten." Aber selbst wenn es diesen Chemikern gelänge, nicht nur eine lebende Zelle herzustellen, sondern sogar eine mit der Kraft, sich selbst zu reproduzieren, so wäre das Problem der spontanen Entstehung einer solchen Zelle auf einem bisher leblosen Planeten noch nicht gelöst.

Christen haben nicht den geringsten Grund, sich von der Wissenschaft einschüchtern zu lassen. „Laßt uns vorwärtsgehen", schreibt der Zoologe Hardy, „um den Boden zurückzuerobern, der in der Welt durch den falschen Glauben, daß die Wissenschaft nur den Materialismus beweise, verloren gegangen ist!"

Wie überlebte das Christentum die Kreuzigung Jesu? Die Leugner der Auferstehung haben über dieses Kernproblem zu wenig nachgedacht. Nur wenige von denen, die das Christentum angreifen, vermögen sich die Welt, in die Christus hineingeboren wurde, vorzustellen. Nur wenige machen sich die Notwendigkeit klar, daß man eine vernünftige Erklärung finden muß für die an sich unwahrscheinliche Bekehrung der römischen Welt zu einer neuen Religion, die dazu aus einer verachteten Kolonie stammte. Es ist fast unmöglich, eine verständliche Parallele in unserer Zeit zu zeichnen. Aber was die christlichen Missionare in den ersten Jahrhunderten unserer christlichen Zeitrechung erreichten, mag durch folgendes angenommene Beispiel verständlich werden.

Stellen wir uns vor, ein indischer Mystiker hätte sich und seinen Jüngern eingeredet, er sei eine Inkarnation Gottes. Er wäre dann zur Zeit des indischen Aufstands von den Engländern erschossen worden. Seine Jünger, zunächst durch seinen Tod entmutigt, wären gleichwohl durch die Überzeugung, ihr Meister sei von den Toten auferstanden, zu dynamischen Missionaren umgewandelt worden. Die Missionare dieser indischen Sekte wären bis nach England vorgedrungen und hätten dort alle bis auf eine belanglose Minderheit zu ihrem Glauben bekehrt. Eine solche Leistung entspräche dann dem, was die christlichen Missionare tatsächlich im römischen Weltreich erreichten. Für einen zivilisierten Römer hatte die Vorhersage, seine überlieferte Religion werde spurlos verschwinden und der Oberpriester einer Religion, die einen Juden verehrt, werde eines Tages in Rom herrschen, genauso verrückt geklungen wie die Ankündigung für einen Engländer zur Zeit des Empires, daß eines Tages nicht das Christentum, sondern die Verehrung eines indischen Heiligen offizielle Religion in England sein werde.

Ob Jesus am Kreuz starb oder nicht, eine Tatsache muß auch von denen, welche die Auferstehung leugnen, zugegeben werden: Nur mit einem Glauben an die Auferstehung, der nicht durch den geringsten Schatten eines Zweifels angekränkelt war, konnte man überhaupt hoffen, Bekehrungen in Palästina, oder gar in der römischen Welt, zu erreichen.

Ich möchte mit einer knappen Zusammenfassung der Beweise für die *Echtheit der Evangelienhandschriften* beginnen. In den ersten beiden Jahrhunderten unserer Zeitrechnung wurden Manuskripte gewöhnlich auf Papyrus, ein zerbrechliches Material, geschrieben, mit dem Ergebnis, daß kaum Papyri aus dieser Zeit erhalten sind. Im Falle der Evangelien wurden von den

Verfolgern der Kirche zusätzliche Anstrengungen unternommen, vorhandene Exemplare zu vernichten. Sogar unter diesen Umständen sind die frühesten Handschriften, die wir besitzen, der Zeit ihrer ursprünglichen Abfassung weit näher als die Handschriften irgendeines klassischen Autors, von denen die nächstälteste, ein Manuskript von Vergil, erst 350 Jahre nach dem Tode des Dichters geschrieben wurde. Für Euripides beträgt der Zwischenraum sogar 1600 Jahre. Andrerseits wurden die großen Pergamenthandschriften des Neuen Testaments bereits etwa 250 Jahre nach dem faktischen Entstehen der Evangelien geschrieben. Wir besitzen Bruchstücke des Johannesevangeliums, die von Altertumsspezialisten der ersten Hälfte des zweiten Jahrhunderts zugeschrieben werden.

Niemand wird bestreiten, daß in der frühen Kirche die Notwendigkeit bestand, über authentische Berichte über Leben und Lehre Jesu zu verfügen, und die, welche behaupten, daß die Evangelien, die wir heute besitzen, sich in wichtigen Teilen von den ursprünglichen Evangelien unterscheiden, müssen noch eine glaubhafte Erklärung dafür beibringen, wie ein Fälscher die Anerkennung seiner Fälschung erreicht haben sollte. Wer eine solche Textveränderung für möglich hält, stellt den Konservatismus der christlichen Zuhörer zu wenig in Rechnung. Augustinus erzählt uns, daß ein Bischof es einmal wagte, bei der Verlesung des Kapitels über Jonas Rizinusstaude das gewohnte „cucurbita“ durch „hedera“, die Version des heiligen Hieronymus, zu ersetzen. Es erhob sich ein solcher Lärm, daß der Bischof ohne Gemeinde sitzengeblieben wäre, wenn er sich erlaubt hätte fortzufahren.

Diejenigen, die behaupten, die Evangelien seien „legendäre Berichte“ oder Phantasieprodukte, sind uns immer noch eine plausible Erklärung dafür schuldig, wie offenbar gänzlich ungeübte Verfasser Charaktere schaffen konnten, die — noch ganz abgesehen von der Hauptperson — so überzeugend sind wie die der größten Meisterwerke der Weltliteratur.

Zum Beispiel Pilatus! Wie lebendig wird er in jenen Versen, in denen er auftritt — der Prototyp des widerstrebenden Agnostikers: „Pilatus spricht zu ihm: ‚Was ist Wahrheit?‘“ Ein Mensch, der nur zu leicht durch die versteckte Drohung eingeschüchtert werden kann: „Läßt du diesen Menschen los, so bist du des Kaisers Freund nicht“, der aber den Eindruck, den Jesus auf ihn machte, mit einer bei uns sprichwörtlich gewordenen Geste dramatisch darstellt: „Als Pilatus sah, daß er nichts erreichen konnte, nahm er Wasser, wusch seine Hände vor der Menge und sprach: ‚Ich bin unschuldig

am Blute dieses Gerechten'." Wie sehr er die Juden verachtete, die die Verurteilung ihres, seiner Ansicht nach unschuldigen Opfers von ihm erpreßt hatten, wird nicht nur in der Überschrift deutlich, die er an das Kreuz heften ließ: „Jesus von Nazareth, der Juden König", sondern auch in der kompromißlosen Zurückweisung des jüdischen Protests, die ebenfalls sprichwörtlich geworden ist: „Was ich geschrieben habe, das habe ich geschrieben!"
Nicht nur Pilatus wird in den Evangelien lebendig gezeichnet, sondern auch in einer ganz kurzen Bezugnahme seine Ehefrau, die „zu ihm schicken ließ und sagte: ‚Habe du nichts zu schaffen mit diesem Gerechten; denn ich habe viel gelitten im Traum um seinetwillen'."

Ich kann es schwer verstehen, wie irgend jemand, geschweige denn einer, der selbst schriftstellerisch tätig ist, gegenüber dem „Klang der Wahrhaftigkeit", wie der Bibelübersetzer J. B. Phillips es nennt, in den Evangelien empfindungslos bleiben könnte. Die Evangelien sind voll von nicht zu Ende geführten Geschichten und ungelösten Rätseln, die kein Romanautor in seinen Werken dulden würde. Kein Autor, der imstande wäre, die wunderbare Geschichte von der auf frischer Tat ertappten Ehebrecherin zu erfinden, eine Geschichte, die mit dem Bild des im Sande schreibenden Jesus endet, könnte sich enthalten zu berichten, *was* Jesus schrieb. Johannes berichtet es nicht.

Sein Evangelium schließt: „Es sind noch viele andere Dinge, die Jesus getan hat. Wenn sie aber sollten eins nach dem andern niedergeschrieben werden, achte ich, die Welt würde die Bücher nicht fassen, die zu schreiben wären." In meiner Bibel nimmt das Johannesevangelium 33 Seiten ein. Wenn man sich die mehrbändigen Lebensbeschreibungen verdienstvoller Persönlichkeiten anschaut, Bücher, die dazu bestimmt sind, vergessen zu werden, ehe noch viele Jahre ins Land gegangen sind, dann kann man nicht umhin, die ärgerliche Kürze aller Evangelien zu bedauern.

Eins ist vollkommen klar: Diese Männer machten keine Verschwörung, oder sie hätten sich Mühe gegeben, auch die kleinsten Widersprüche und Unstimmigkeiten zu vermeiden.

Nur wenige Kritiker haben die Stirn zu behaupten, daß der Inhalt der Evangelien vollständig erfunden sei. Zu ihrem Vokabular gehört das köstliche Wort „Interpolation" (nachträgliche Einschaltung), das sie gern benutzen, wenn sie ohne Beweise oder Gründe einen Text, der sich auf Wunder bezieht, auf die Seite schieben wollen.

Die meisten Skeptiker geben freilich zu, daß Jesus gelebt hat, daß er gekreuzigt wurde und daß seine Jünger an die Auferstehung glaubten. Warum wurde aber dann die Leiche Jesu nicht zum Zwecke des Vorzeigens von den Pharisäern aus dem Grabe, in dem sie lag, hervorgeholt? Warum war das Grab leer? Die Männer des Hohen Rates waren nicht nur eine intellektuelle Elite, sondern auch Realpolitiker, die genau wußten, daß ihre Erklärung die Zeitgenossen zufriedenstellen und notfalls auch einer kritischen Untersuchung durch zeitgenössische Zeugen standhalten müsse, während die von Schreibtischforschern vorgebrachten modernen Erklärungen keineswegs dem Risiko ausgesetzt sind, einem Kreuzverhör standhalten zu müssen. Der Hohe Rat wußte, wie weit er gehen durfte, und sein Versuch, die Tatsache des leeren Grabes zu erklären, war offenbar noch der überzeugendste. Sie forderten ihre Zeitgenossen auf zu glauben, daß die Jünger den Leichnam Jesu gestohlen hätten. Hätten die Jünger das aber getan, so wären sie ja in dem bestätigt worden, was sie sowieso mit Bekümmerung annehmen mußten: daß Jesus den Tod eines irregeführten Propheten gestorben sei.

Warum also sollten sich die Jünger, die in Gethsemane voller Furcht geflohen waren, plötzlich verschworen haben, der Welt eine neue Religion aufzudrängen, die sie selber für falsch halten mußten? Warum sollten sie den Bruch mit ihrer Tempelreligion vollziehen und in Verteidigung einer ungeheuerlichen und überflüssigen Lüge denselben Tod wie ihr Meister erleiden? „Ich glaube gern solchen Zeugen, die ihren Hals riskieren", schrieb Pascal einmal.

Weil es vielleicht noch wichtiger ist, die Verführung Gläubiger zu verhindern, als die Ungläubigen zu überführen, müssen wir schließlich den Anspruch jener Modernisten diskutieren, die *Wunder* im allgemeinen und die *Auferstehung* im besonderen ablehnen und sich doch Christen nennen.

Das modernistische Christentum dieser extremen Spielart ist keine wirkliche Religion mehr. Es ist der schlechteste Weg für die, welche ihren Glauben verloren haben und aus rein gefühlsmäßigen oder im Falle einiger Kirchenleute auch aus praktischen Gründen zögern, mit dem Christentum ganz zu brechen. Ist denn irgendein Atheist oder Agnostiker jemals durch dies wunderlose Christentum bekehrt worden?

Als junger Agnostiker las ich die Evangelien noch einmal mit besonderer Sorgfalt, denn ich war von Oxford weggeschickt worden, weil ich in einem Examen über Bibelkunde durchgefallen war und weil ich mein Studium unbedingt in Oxford weitermachen wollte. Der Unterschied zwischen Gott und Mensch ist unendlich, aber die Gleichnisse schienen mir nicht unendlich schöner zu sein als einige überlieferte Äußerungen von Heiligen und Mystikern. Mein Unglaube wurde von den Worten Jesu nicht erschüttert, aber ich hatte bei der Beschreibung der Auferstehung nichtsdestoweniger das ungemütliche Gefühl, die Berichte von Augenzeugen zu lesen.

Ich habe die Verse in den Evangelien gezählt, die wunderhafte Begebenheiten beschreiben. Es sind nach meiner Zählung 856 Verse aus der Summe von 3747 Versen, also 22,47 Prozent. Kann ein Modernist unter Berufung auf Dokumente, die nach seiner Ansicht zu fast einem Viertel märchenhafter Natur sind, noch behaupten, er sei ein Christ? Und können Zeugen, die vollkommen unglaubwürdig sind, solange sie berichten, was Jesus *tat,* auf einmal glaubwürdig werden, wenn sie berichten, was er *sagte?*

Man kann in einem kurzen Kapitel unmöglich mehr tun, als das Interesse derjenigen Leser zu wecken, die sich mit den historischen Beweisen für die Auferstehung noch nie befaßt haben, und hoffen, daß sie sich weiter mit diesem Gegenstand beschäftigen.

I

In seinem nachgelassenen Buchfragment „Der Gottesbeweis“ schrieb der bekannte katholische Theologe Monsignore Ronald Knox: „Im großen ganzen leben wir in einem Zeitalter der Unvernunft ... Arnold Lunn prangerte diese Zeitbestimmung vor einem Vierteljahrhundert an, als er sein Buch ‚Die Flucht vor der Vernunft‘ schrieb. Er erwartete allerseits ärgerliche Ablehnung. Aber die öffentliche Stellungnahme war im ganzen: ‚Warum nicht?‘“

Vierzig Jahre sind vergangen, seit das genannte Buch 1930 erschien, und die Flucht ist fast zu einer Panik ausgeartet. Die Psychoanalyse, an sich weder für noch gegen die Vernunft gerichtet, mußte die Rechtfertigung dafür hergeben, daß man nunmehr alle objektiven Gründe, die ein Mensch zur Verteidigung seines Glaubens vorbringen könnte, ignorieren zu dürfen meinte. Objektive Wahrheit wird als unerreichbar abgelehnt; alles, was noch am Glauben eines Menschen von Interesse ist, sind die irrationalen Einflüsse, die ihn zu gewissen Schlußfolgerungen führen.

Aber nun sind freilich diejenigen, die diese Ansicht vertreten, selber nicht konsequent. Sonst müßten sie ja daraus folgern, daß auch an ihrer Überzeugung — „objektive Wahrheiten gibt es nicht“ — vielmehr nur die irrationalen Momente interessant sind, die zu einer solchen Aussage führten. Ebenso erwarten die Propheten des Behaviourismus (Philosophie des menschlichen Verhaltens), deren Hauptthese in der Behauptung besteht, die Denkvorgänge seien lediglich die mechanischen Nebenprodukte einer mechanischen Aktivität, von ihren Lesern nicht nur, sie sollten ihren Denkprozeß ernst nehmen, sondern geben sich die allergrößte Mühe, die Menschen sogar in ihrer Lebensführung zu beraten. Aber warum ein Roboter den anderen darüber beraten soll, was zu tun sei, ist eins der Geheimnisse des Behaviourismus, das noch ungelöst ist.

Es gibt freilich ein Publikum, das nur zu gern hört, die alten Götter seien tot und der alte Glaube mit Korrektiven und feststehenden Maßstäben wertlos, und die Menschen seien endlich dazu befreit, ihren Begierden freien Lauf zu lassen. Die Universität meiner Jugendzeit bot nicht nur eine Ausbildung, sondern gab uns auch gewisse Verhaltensnormen. Die moderne Universität tut das gewiß auch noch, obschon der „logische Positivismus“, der alle sittlichen Urteile als irrige Auffassungen zur Seite schiebt, dort inzwischen populär geworden ist. Der Vorkämpfer dieser Lehre in Oxford und führende „Humanist“ Englands, Prof. Ayer, schrieb in seinem Buch

„Sprache, Wahrheit und Logik“: „Wenn ich jetzt einmal verallgemeinere und sage: ‚Diebstahl ist böse‘, so treffe ich eine Feststellung, die keine faktische Bedeutung hat, d. h. sie drückt keine These aus, die entweder wahr oder falsch sein kann.“ Man berichtete mir, daß jener Professor, als er im Verlauf einer Diskussion gefragt wurde, ob die Behauptung: „Hitler hatte unrecht, die Juden zu ermorden“, eine tatsächliche Bedeutung hätte, zugab, daß einige ethische Urteile immerhin keine Pseudourteile sind, und zwar diejenigen — dessen können wir ganz sicher sein —, durch die sein eigenes Privatleben beeinflußt wird.

Die anti-rationale, gegen die Vernunft gerichtete Grundstimmung der Zeit hat zugegebenermaßen die Schwierigkeit vergrößert, Skeptiker durch Vernunftgründe zu bekehren. Aber selbst wenn die Anti-Rationalisten noch erfolgreicher gewesen wären, als sie es bereits sind, so bliebe es doch die Pflicht derer, die imstande sind, die vernünftigen Argumente für das Christentum vorzutragen, weiterhin die Vernunft, die ihnen Gott verlieh, zu gebrauchen. Der stillschweigende Verzicht auf eine rationale Verteidigung des Christentums ist ein stillschweigender, wenn nicht schon ausgesprochener Abfall vom Glauben. Zum Glück ist aber die Zahl derer, die sich durch vernünftige Argumente überzeugen lassen, weitaus größer, als manche zaghaften Christen vermuten. Jeder Verteidiger des Glaubens mit einiger Erfahrung weiß aus seinen persönlichen und beruflichen Kontakten, daß die vernünftige Begründung des Christentums ein wichtiges und in manchen Fällen das entscheidende Motiv für die Bekehrung von Skeptikern und übrigens auch für die Verhinderung der Abkehr zweifelnder Christen ist.

Der Einfluß vernünftiger Argumente auf die Bekehrung ist von Fall zu Fall verschieden. Einige neugewonnene Christen, deren Haupttriebfeder das eigene Verlangen nach Glauben war, ließen sich leider durch eine säkularistische Propaganda überzeugen, daß die Existenz des Übernatürlichen durch die Wissenschaft endgültig widerlegt worden sei. In ihrem Falle wurde die Rückkehr zum religiösen Leben durch die Entdeckung ermöglicht, daß die säkularistische Auffassung durch Vernunftgründe widerlegt werden kann. Sogar wenn sie selbst den Argumenten nicht folgen können oder an einem vernünftigen Argument für die Religion, nach der sie sich sehnen, uninteressiert sind, so kann doch das Beispiel eines Christen, dessen intellektuelle Autorität von seinen Gegnern anerkannt werden muß, entscheidend sein.

Am anderen Ende stehen die von einem dogmatischen und bornierten Säkularismus Bekehrten, die, weit entfernt von einem inneren Verlangen nach Glauben, vielmehr wegen der christlichen Ethik, insbesondere der Sexualethik, starke Vorurteile gegen den Glauben hegen. Man sagt uns oft, die Christen seien vom Wunschdenken bestimmt, und es würde gewiß als unfein angesehen werden, wenn wir nun umgekehrt andeuteten, daß ein Atheist vielleicht auch durch Wunschdenken gegen das Christentum voreingenommen sein könnte, z. B. in der Ablehnung des Glaubens an eine Vergeltung nach dem Tode.

Bei den meisten Nichtchristen besteht die Hauptschwierigkeit darin, sie zu bewegen, die Frage nach Gott überhaupt aufzunehmen.

Ein bedeutender Geistlicher erinnert sich an Hunderte von Unterhaltungen mit Leuten — viele von ihnen mit hohen intellektuellen Fähigkeiten —, die keinerlei Ahnung hatten, worum es im Christentum überhaupt ging. Sie wußten buchstäblich nichts über das Neue Testament. Die Auferstehung, das bedeutendste Ereignis der menschlichen Geschichte, wird schlicht und höflich einfach übergangen. Es ist gar nicht so, daß die Beweise etwa geprüft und als nicht überzeugend erfunden worden wären. Man hatte sie einfach nie geprüft.

Als ich das las, wurde ich an meinen alten Freund und Sparringspartner C. E. M. Joad erinnert, seinerzeit ein berühmter Rundfunkredner und Propagandist des Atheismus. Er forderte mich 1932 heraus, das Christentum in einer Artikelserie unter dem Titel „Ist das Christentum wahr?" zu diskutieren. Joad erinnerte mich an jenen Mann, der alles über das Christentum wußte, weil er es in zwei Büchern, „Blutsaugerin Religion" und „Die räuberischen Priester", gelesen hatte. Und doch wurde Joad später ein gläubiger Christ. Wenn selbst Joad überzeugt werden konnte, sobald er einmal gezwungen war, sich den vernünftigen Gründen für das Christentum zu stellen, sind wir Christen dann nicht daran schuld, daß wir es versäumt haben, die Mehrzahl unserer Zeitgenossen dazu zu bringen, die Sache des Christentums überhaupt einmal zu untersuchen?

Es ist nicht so, daß die Sache des Glaubens unzureichend dargestellt worden sei. Ich habe die Apologien vieler Gedankensysteme studiert, und nicht nur, weil ich Christ bin, bin ich überzeugt, daß kein philosophisches oder politisches System neben dem christlichen Glauben jemals wirkungsvoller dargeboten worden ist. Die Apologeten haben ihre Arbeit getan. Aber was man die Öffentlichkeitsarbeit des Christentums nennen könnte, hat Kritik verdient. Warum sorgen auch unter den betont christlichen Schulen

nur wenige dafür, daß alle Schüler, die die Schule verlassen, sich darüber im klaren sind, daß es vernünftige Gründe für die Auferstehung gibt und daß wenigstens einige in ihrem späteren Leben einen aktiven Beitrag zur Wiedergewinnung einstmals christlicher Länder leisten?
In Schulen, in denen die Begründung und Verteidigung des Glaubens ernst genommen wird, wird auch der Anteil der Schüler, die später ihren Glauben praktizieren, größer sein, und einige werden tätige Mitarbeiter der Kirche werden. Es ist auch schwer zu verstehen, wieso es einem tüchtigen Lehrer nicht gelingen könnte, das Interesse an der aufregendsten aller geschichtlichen Kontroversen zu wecken, eben der Entstehung des Christentums — aufregend auch deshalb, weil sie sich zugleich auf die wichtigste aller Fragen bezieht: das Wesen des Menschen. Ist der Mensch denn nichts anderes als eine Zusammenballung von Materie, die nach siebzig, und wenn's hoch kommt, achtzig Jahren zur endgültigen Auslöschung bestimmt ist, oder ist er ein Vernunftwesen, verantwortlich für sein Handeln und mit einer Berufung, die über den Tod hinausgeht?
Unsere erste Aufgabe in dieser zunehmend säkularisierten Welt besteht darin, die Menschen, die dem Säkularismus zum Opfer gefallen sind, darauf aufmerksam zu machen, daß es übernatürliche Ereignisse, die keine materialistische Philosophie erklären kann, gab und noch gibt. Hätte es seit den ersten christlichen Jahrzehnten keine Wunder gegeben, so wäre die Aufgabe der christlichen Apologeten in der Tat schwierig. Aber das ist ja bei weitem nicht der Fall. Die Beweisgründe für einige Wunder moderner Zeit sind derart stark, daß sogar ein überzeugter Atheist, der berühmte J. B. S. Haldane, darüber schrieb: „Immerhin scheinen ein oder zwei der überraschenden Wunder von Lourdes wahr zu sein, z. B. die sofortige Heilung einer acht Jahre anstehenden vereiterten Fraktur. Falls dem so ist, ist es sehr erstaunlich und wert, untersucht zu werden, obgleich diese Wunder, falls sie sich als wahr erwiesen, damit noch nicht die Theorie ihrer Entstehung bewiesen hätten, die in Lourdes vertreten wird."
Das erste Ziel eines christlichen Apologeten, lehrt er vor einer Klasse, schreibt er ein Buch, diskutiert er das Christentum mit einem skeptischen Freund, besteht gewöhnlich darin, Interesse am Übernatürlichen im allgemeinen anstatt am Christentum im besonderen zu erwecken. Viele, die nicht mehr an die Wirklichkeit des Übernatürlichen glauben, sind nur widerwillig Materialisten. Es ist leicht, sie an Beweismitteln zu interessieren, die in ihnen den Verdacht und vielleicht die Hoffnung wachrufen, daß es tat-

sächlich Phänomene gibt, die der Materialismus nicht erklären kann. Es gibt, wie wir gesehen haben, eine zunehmende Neigung, die außersinnliche Wahrnehmung und die Telepathie als über jeden Zweifel erhaben anzusehen. Die Beziehung dieser Erscheinungen zur Philosophie im allgemeinen und zum Materialismus im besonderen ist mindestens ein anregender Diskussionsgegenstand. Es hat gewiß Fälle gegeben, in denen die Annahme eines früheren Agnostikers, daß parapsychologische Phänomene bewiesen sind, der erste Schritt zur Annahme des überragenden Wunders der Auferstehung war. Andrerseits hat manchen Atheisten die Tatsache nicht erschüttert, wenn ihm Fälle bewiesen wurden, in denen ein Medium „Wissen auf abnormen Wegen erhält".

Als ich Apologetik lehrte, begrüßte ich Diskussionen über parapsychologische Phänomene, denn der moderne Apologet muß nicht nur mit den modernen Beweisen für Wunder, den Lourdes-Wundern zum Beispiel, vertraut sein, sondern auch mit allen Phänomenen, welche die Argumente für den Materialismus schwächen.

„Als ich noch auf dem Seminar war", berichtete mir kürzlich ein amerikanischer Priester, „lasen wir alle Belloc und Chesterton, die großen Verteidiger des Glaubens, aber offenbar ist es nicht à la mode für einen modernen Seminaristen, sich für Apologetik zu interessieren. Es scheint, als ob sich die Kirche ausschließlich auf soziale Wohlfahrt konzentriere."

Ich denke, oder hoffe mindestens, daß der Priester zu Unrecht schwarz sah, denn es ist ebenso wichtig für eine Kirche wie für eine politische Partei, daß sie ihre Sache wirkungsvoll vorzubringen weiß. Es ist unsinnig, auf Bekehrungen zu hoffen, wenn wir noch nicht einmal in der Lage sind, einem, der vielleicht Christ werden möchte, vernünftige Gründe für unseren Glauben darzulegen.

Ein sehr bekannter Katholik, der das, was von der streitenden Kirche übrig ist, in eine pazifistische Kirche verwandeln möchte, schrieb mir einen Brief voll milden Tadels. „Ich ziehe bei weitem", schrieb er, „die Methoden des Franz von Sales den Ihrigen vor." „Mir geht es geradeso", erwiderte ich, „und wenn ich ein Heiliger wäre, so brauchte ich nicht zu argumentieren. Der große Rationalist Belloc war selbst der erste, der feststellte: ‚Heiligkeit hat Vollmacht wie nichts sonst. Heiligkeit ist anziehend und überzeugend, stärkt den Glauben und macht das Verborgene offenbar.'"

Heilige brauchen nicht zu debattieren; aber doch sind viele zu Christus bekehrt worden durch gewöhnliche Sünder, die sich die Mühe gemacht haben, die überlegenen Gründe *für* das Christentum selbst zu begreifen und nach außen zu vertreten.

II

Wer den ernsthaften Versuch macht, einen wirkungsvollen Gegenangriff gegen den triumphierenden Säkularismus zu organisieren, muß zunächst diejenigen, die für Christus genausowenig Interesse haben wie für Buddha (und manchmal noch weniger!), dazu bringen, sich anzuhören, was wir Christen zur Verteidigung unseres Glaubens vorzubringen haben. Rechtgläubigkeit macht keine Schlagzeilen.

Die exzentrischen Theologen, die den Feldzug für die „neue Moral" führten, wurden groß herausgebracht. „Bischof gegen die Unzucht" wird dagegen kaum als Überschrift in der Morgenzeitung stehen. Gleichwohl hat mich die Tatsache ermutigt, daß Leute, die sich niemals eine Vorlesung von einem Christen anhören würden, durchaus kommen, wenn ein Christ und ein Atheist debattieren, und daß solche, die niemals ein christliches Buch lesen würden, doch ein Buch lesen, das einen polemischen Briefwechsel zwischen einem Christen und einem Atheisten enthält.

Ich bin mir darüber im klaren, daß die meisten, die solchen Debatten folgen, lediglich in ihren bisherigen Ansichten bestärkt werden. Aber die Debatten sind der Mühe wert, weil es doch gelegentlich zu einer Bekehrung kommt. Etwa Joad selbst und Louis Budenz, der frühere Herausgeber des kommunistischen „Daily Worker", der zur Kirche zurückkehrte und über unsere Debatte folgendes schrieb: „Lunns christliche Rücksichtnahme auf mich als Gegner und seine blitzschnelle Bloßstellung der kommunistischen Theorie machten auf mich einen tiefen Eindruck."

Von meinen eigenen Beiträgen zur Apologetik halte ich „Die Wissenschaft und das Übernatürliche", einen Briefwechsel mit Professor Haldane, für am brauchbarsten. Ein Säkularist, der sich bewegen läßt, eine Verteidigung des Christentums zu lesen, kann immer seine Skepsis verstärken, wenn er einem Argument gegenübersteht, das er nicht widerlegen kann. Dabei schreibt er sein eigenes Versagen nicht der Stärke des christlichen Anliegens, sondern den dialektischen Fähigkeiten des christlichen Apologeten zu und ist sich dessen gewiß, daß die blendenden Argumente des Christen leicht von einem im gleichen Maße fähigen Apologeten für den Atheismus zerstört werden könnten. Keine solch tröstliche Erklärung für die Stärke der christlichen Sache ist aber im Falle eines Buches möglich, das die Argumente für und gegen das Christentum enthält, dargeboten von einem kompetenten Apologeten für das Christentum und einem solchen für den Atheismus.

Die Atheisten waren merkwürdig erfolgreich darin, schlecht unterrichtete Leute zu überzeugen, daß die moderne Wissenschaft es für einen intelligenten Menschen unmöglich gemacht habe, an Gott oder an Wunder zu glauben. Mein Schriftwechsel mit Professor Haldane wäre die Sache schon dann wert gewesen, wenn ich nicht mehr getan hätte, als ihm das Zugeständnis abzuringen, daß es keine wissenschaftlichen Argumente gegen die Möglichkeit gebe, daß Gott existiert, oder daß, wenn er existiert, er wunderbar in die Naturordnung eingreifen kann.

Haldanes Briefe sind ein indirekter Beweis für den verderblichen Einfluß des Atheismus auf einen brillanten Geist. Er konnte haarsträubenden Blödsinn schreiben, wie zum Beispiel, daß er „gewillt sei, die Möglichkeit von Ausnahmen *dazu* in Betracht zu ziehen". „Dazu" war die Feststellung, daß zwei mal drei gleich sechs ist. Dadurch widersprach er dem, was er selbst in dem gleichen Buche gesagt hatte: „Wenn ich sage, daß zwei mal drei gleich sechs ist, so meine ich etwas, das unbedingt wahr ist und es sogar dann noch wäre, wenn es kein Beispiel gäbe, um das zu demonstrieren".

Noch bedeutsamer sind die Verdrehungen, deren sich Atheisten, deren intellektuelle Integrität man kaum in Zweifel ziehen darf, in ihren Versuchen schuldig machen, jede wissenschaftliche Theorie zu verteidigen, die eine Alternative zur Existenz Gottes darzubieten scheint. Der Darwinismus wurde und wird für solche Atheisten als inneres Muß angesehen. Ich setze freilich nicht den Darwinismus mit der Entwicklungslehre im allgemeinen gleich, sondern mit jener besonderen Erklärung der Entwicklungslehre, für die Darwin verantwortlich zeichnet, die Theorie nämlich, daß die natürliche Auslese schöpferisch und für die neuen Arten verantwortlich ist.

Wir erleben jetzt das bemerkenswerte Schauspiel, daß gerade dann, wenn sich viele Wissenschaftler darin einig sind, daß es keinen Teil des darwinistischen Systems gibt, der noch wesentlichen Einfluß hat, und daß die Theorie in ihrer Gesamtheit nicht nur unbewiesen, sondern geradezu unmöglich ist, daß sich gerade dann die unwissenden oder halbgebildeten Massen doch in den Kopf gesetzt haben, man müsse den Darwinismus unbedingt als grundlegende Tatsache übernehmen.

Es ist freilich leicht, die Gegner Darwins zu widerlegen, wenn man nur eine Verwirrung zwischen der natürlichen Auslese als Tatsache und als schöpferischem Prinzip stiften kann. In unserem gemeinsamen Buch zitierte ich aus Haldanes „Mögliche Welten" seine Bemerkung, daß „man gelegentlich versichert, noch niemand habe jemals die natürliche Auslese bei der Arbeit beobachtet". Man muß schon sehr einfältig sein, eine so lächerliche Versicherung abzugeben, denn jede Krankheitsepidemie ist ein Musterfall der natürlichen Auslese. Die Tauglichsten überleben. Haldane erwähnte dann den Fall eines Wäldchens, in dem helle Birken durch dunkle Tannen ersetzt wurden, mit dem Resultat, daß die weißen Motten, die man gegen die dunkle Tannenrinde gut sehen konnte, nach und nach ausgerottet wurden. Sir Julian Huxley, der mit H. G. Wells zusammenarbeitete, um die „Wissenschaft vom Leben" zu schreiben, zitierte diese Sätze und fügte Haldanes Worten ein paar eigene Bemerkungen hinzu: „Man versicherte gelegentlich, noch niemand habe jemals die natürliche Auslese bei ihrer Arbeit beobachtet, *wie sie neue Formen hervorbringe.*" In meiner Besprechung seines Buches zitierte ich den Satz, wie er von Wells erweitert worden war, und stellte die Frage, wo die neuen Formen seien, die angeblich hervorgebracht worden seien. Weiße Motten würden freilich langsam ausgerottet, aber die überlebenden Motten sind immer noch weiß.

Als nächstes bekam ich einen sehr ungehaltenen Brief von Haldane, in dem er sich beschwerte, daß die Worte „wie sie neue Arten hervorbringt" dem, was er tatsächlich geschrieben habe, hinzugefügt worden seien, und daß ich ihm eine offensichtlich dumme Bemerkung zu Unrecht zugeschrieben habe. Nachdem ich mich bei den Lesern meiner Buchbesprechung für die Annahme entschuldigt hatte, es sei keine Kontrolle erforderlich, wenn ein Darwinist einen anderen Darwinisten zitiere, schrieb Mr. Wells an unsere Literaturzeitung einen verärgerten Brief, in dem er feststellte, daß die dem Zitat aus Haldane zugefügten Worte „offensichtlich zum Zwecke größerer Klarheit eingefügt worden seien". Was Huxley und Well tatsächlich erreicht hatten, war, daß sie unbeabsichtigt gerade das aufgedeckt hatten, was im Originaltext „offensichtlich dumm" war, wobei die Albernheit in Haldanes ursprünglichem Wortlaut mehr im Text eingeschlossen als klar ausgesprochen war.

Mir ist noch nicht zu Ohren gekommen, daß irgendein Christ durch Haldanes Argumente zu Fall gebracht wurde, aber ich kenne Fälle, in denen das Buch eine Hilfe zur Bekehrung von zwei Lesern war. Lord Longford schrieb in seinem Buch „Geboren zum Glauben“: „Arnold Lunns Kontroverse mit Haldane beseitigte meinen schleichenden Verdacht, daß es in einer wirklichen Auseinandersetzung materialistische Argumente gäbe, denen der Mann des Glaubens nichts entgegenzusetzen hätte.“

Ich bedaure, keinen größeren Eindruck auf Haldane gemacht zu haben, denn ich hegte die allergrößte Bewunderung nicht nur für seinen Verstand, sondern auch für seinen außerordentlichen Mut. „Es erschien fast übernatürlich“, sagte einer jener Männer, die im Ersten Weltkrieg unter ihm dienten, „so furchtlos zu sein wie er.“ Und nicht nur im Kriege, sondern auch in einer Reihe gefährlicher und schmerzhafter eigener Versuche lieferte Haldane Beweise hervorragenden Mutes.

III

Es ist bedauerlich, daß man die vernünftige Verteidigung des Christentums Apologetik nennt, was von „apologeticos“ hergeleitet wird, einem griechischen Wort, das jene Menschen beschreiben sollte, die „in Verteidigung einer Sache sprechen“. Es hat aber eine unglückliche Wortähnlichkeit mit dem englischen Wort „apologise“ = sich bedauernd entschuldigen. Das erklärt vielleicht teilweise die Tatsache, daß christliche Apologetik so oft entschuldigend klingt und so wenig echte Offensivkraft zeigt.

Das Christentum besteht schon ziemlich lange, und die Sünden der Christen, besonders während der Jahrhunderte, als die Kirche mächtig war, haben den Atheisten genügend Munition für ihre Angriffe geliefert. Aber welchen Nutzen haben denn die Christen — von gelegentlichen Ausnahmen abgesehen — aus den katastrophalen Ergebnissen des Atheismus, der gegenwärtig Sowjetrußland beherrscht, gezogen? Fünfzig Jahre lang ist dort der Atheismus die Staatsreligion. „In der Schule werden bereits die Fundamente für eine wissenschaftliche Weltanschauung gelegt“, schrieb der führende Parteitheoretiker L.F. Iljitschow. „In der nahen Zukunft muß die religiöse Ideologie in unserem Lande ausgerottet werden.“[53]

Verfolgungen um des Glaubens willen sind schändliche Episoden in der Kirchengeschichte. Aber die Atheisten haben keinen Grund, selbstzufrieden Gegensätze zwischen der Kirchengeschichte und ihrem eigenen Tun zu zeichnen, denn in Sowjetrußland wurden in einem halben Jahrhundert unvergleichlich mehr politische Ketzer hingerichtet, als religiöse Ketzer in vielen Jahrhunderten. Es ist bisher unbestritten, daß während Stalins „Säuberungen“ der dreißiger Jahre Millionen Menschen liquidiert wurden.

Es ist typisch für den Zustand unserer Apologetik, daß die meisten Menschen von der Verfolgung Galileis durch die Kirche gehört haben, aber nur eine verschwindende Minderheit etwas davon weiß, daß sowohl wissenschaftliche als auch politische Ketzer in Sowjetrußland heftig verfolgt worden sind. In unserer Debatte war Haldane voreilig genug, von Wissenschaftlern zu reden, die man „auf Veranlassung der Geistlichkeit" lebendig verbrannt habe. Dabei gibt es nur einen einzigen Fall in der langen Kirchengeschichte, in dem ein Wissenschaftler wegen seiner wissenschaftlichen Ansichten mit der Kirche Ärger bekam. Galilei hatte das Pech, zu einer Zeit zu schreiben, als der regierende Papst, ganz anders als seine Vorgänger, nicht mit der Theorie einverstanden war, daß sich die Erde um die Sonne drehe, eine Theorie, die zuerst von Nikolaus Kopernikus im christlichen Zeitalter in einem Buch veröffentlicht worden war, das er dem damals regierenden Papst gewidmet hatte. Keiner der neun nachfolgenden Päpste erhob irgendwelchen Einspruch gegen die kopernikanische Lehre . . . „Und nun", schreibt der berühmte Mathematiker und Philosoph Whitehead, war in der Generation, die den Dreißigjährigen Krieg erlebte und sich an Albas Wüten in den Niederlanden erinnerte, das Schlimmste, das den Männern der Wissenschaft geschah, daß Galilei in Ehrenhaft gehalten wurde und eine Rüge erhielt, bevor er friedlich in seinem Bette starb." Haldane konnte natürlich keinen einzigen Fall nennen, wo ein Wissenschaftler hingerichtet worden wäre, weil die Kirche sich gegen seine wissenschaftlichen Ansichten stellte.

In einem Brief an die „Times" gab Sir Bernard Pares, Professor für Russisch an der Universität London, Einzelinformationen weiter, die er von Professor Tschernawin, einem bedeutenden Fischwissenschaftler, über die einundfünfzig Wissenschaftler seines eigenen Fachgebiets erhalten hatte, von denen dieser selbst wußte, daß sie sich im Gefängnis befanden. Innerhalb von drei Jahren (1930—1932) waren fünfundzwanzig erschossen und sechsundzwanzig in Zwangsarbeitslager geschafft worden. Viktor Serge, ein ehemaliger Kommunist, beschreibt in seinem Buch „Rußland-zwanzig Jahre danach" die Auswirkungen dessen, was er eine „gelenkte Wissenschaft" nennt: „Geologen sind ins Gefängnis gesperrt worden, weil sie Bodenproben anders beschrieben, als es gewünscht wurde." Es gab da allerhand Wunderlichkeiten „leninistischer Chirurgie" und „stalinistischer Mathematik". Die Liste der Naturwissenschaftler, Historiker, Gelehrten, berühmten Ingenieure, technischen Verwaltungsleute und Statistiker, die man in jener

Zeit verhaftet hat, liest sich wie ein Handbuch der zeitgenössischen kulturellen Elite Rußlands.

Ich frage mich, wie viele gebildete Christen es sich überhaupt klarmachen, daß im atheistischen Rußland Wissenschaftler aufs heftigste verfolgt wurden. Wer in Apologetik unterrichtet, sollte zumindest auf den Gegensatz aufmerksam machen, mit welcher Hochachtung die christliche Kirche die Wissenschaftler behandelt und wie man sie in atheistischen Ländern verfolgt, wenn sie nicht in das politische Konzept passen.

Falls der Marxismus ein triumphaler wirtschaftlicher Erfolg gewesen wäre, könnte es möglich sein, den Verlust der Geistesfreiheit doch als notwendigen und rein zeitgebundenen Preis zu rechtfertigen, der für die vermehrte Wohlfahrt der arbeitenden Bevölkerung gezahlt werden mußte. Aber die Berliner Mauer ist die beste Antwort auf diese Behauptungen. Denn in diesem Fall bestünde das mitteldeutsche Problem darin, zu verhindern, daß sich viele westdeutsche Arbeiter in das Arbeiterparadies drängen. Doch die westdeutschen Arbeiter bleiben sehr gern da, wo sie sind, und das Problem Mitteldeutschlands besteht nicht darin, die Einwanderung unter Kontrolle zu halten, sondern jene Auswanderung zu verhindern. Als Adam und Eva aus dem Paradies gejagt wurden, verhinderte ein Cherub mit flammendem Schwert jede Hoffnung auf Rückkehr. Aber die marxistische Variante der Cherubim schiebt Wache an der Berliner Mauer, bereit, jeden abzuknallen, der sich aus dem marxistischen Garten Eden davonmachen möchte.

IV

Aus dem gegenwärtigen Niedergang des Christentums könnte man entweder schließen, daß die Sache des Glaubens widerlegt sei oder daß die Christen in einem nur dem Namen nach christlichen Land auf armselige Weise wirkungslos seien. Es ist gar nicht so, daß es besonders schwierig wäre, einen Heranwachsenden oder Älteren an seiner endgültigen Bestimmung zu interessieren. Ist mit dem Tode alles aus? Viele von denen, die vom säkularen Klima der modernen Welt angesteckt worden sind, sind überrascht und sehr interessiert, zu entdecken, daß immerhin gewichtige Gründe für das Übernatürliche sprechen. Ein Politiker, der hörte, wie ich dieses Argument in einer Diskussion vorbrachte, sagte: „Sie haben ganz recht!" Christopher Hollis hat im englischen Unterhaus eine Menge Gutes erreicht, weil es sich allmählich herumgesprochen hatte, „daß die Auferstehung eines seiner Lieblingsthemen war, und viele Abgeordnete gingen ihn mit Fragen an und zeigten dauerndes Interesse. Die Erfahrung von Hollis steht nicht allein da. Ich habe selbst öfter Leute getroffen, die eine christliche Erziehung erhalten hatten und die doch überrascht und erleichtert waren, als sie entdeckten, daß man die Sache des Christentums vernünftig vertreten könne.

Das erste Problem besteht darin, einen wirksamen Kontakt mit denen herzustellen, die entweder aufgehört haben, Christen zu sein, oder es noch nie waren.

Das Problem ist also unlösbar, wenn die Christenheit zu einem Ghetto wird, dessen Einwohner niemals mit denen über das Christentum diskutieren, die draußen sind. Man nimmt stillschweigend an, daß die Diskussion des Glaubens das Letzte sei, was ein Christ, der einige Bedeutung in der säkularen Welt errungen hat, wünschen würde.

Ich erinnere mich an ein Rundfunkinterview, das folgendermaßen begann: „Ihr Hauptinteresse gilt, so nehme ich an, dem Bergsteigen und Skilaufen?" Dann kam die peinliche Pause als Reaktion auf meine Antwort: „Nein! Mein Hauptinteresse ist die Verteidigung des Christentums." Außer einer sachlichen Richtigstellung bezog ich mich nicht mehr auf mein „Hauptinteresse", denn es wäre offensichtlich ungehörig, unsachliche Bemerkungen über Religion in die Erörterung eines rein säkularen Problems, wie z. B. des olympischen Amateurstatus, einzuflechten. Doch der schnelle Fortschritt des Säkularismus könnte, glaube ich, gebremst werden, falls die Christen bereit wären, legitime Gelegenheiten für eine freundschaftliche Erörterung dieser allerwichtigsten Dinge zu ergreifen.

Es ist sehr leicht, Menschen an den Beweisen für das Übernatürliche zu interessieren. Was noch überraschender ist: Wenigstens einige der bedeutenderen Atheisten suchen persönliche Verbindung mit denen, die solch merkwürdige Ansichten haben, weit davon entfernt, einen Angriff auf ihre eigene Position übelzunehmen.

Der brillante Romancier H. G. Wells war ebenfalls Atheist. Nachdem er einen Artikel gelesen hatte, in dem ich einige Thesen seiner antichristlichen Propaganda scharf angegriffen hatte, lud er mich zum Essen ein und überreichte mir eins seiner Bücher mit einer eigenhändigen Widmung. George Orwell, der Verfasser des Buches „1984", konnte mit der christlichen Kirche nichts anfangen, aber er schenkte mir ebenfalls eines seiner Bücher. Wir speisten öfter zusammen und diskutierten ein Problem, für das er, wie er

selbst zugab, keine Lösung gefunden hatte, nämlich: Wie gibt man Menschen, die nicht mehr an Gott glauben, hinreichende Beweggründe, sich gesittet zu benehmen?
Im allgemeinen haben die Säkularisten eine stille Verachtung für die christlichen Leisetreter, welche die säkulare Welt beschwichtigen wollen, indem sie das Übernatürliche am Christentum verniedlichen. Sie haben aber oft einen gewissen Respekt für ihre offensiven Gegner. Gerade ein Hausblatt der „Rationalisten" schrieb 1965: „Sir Arnold Lunn ist ein Mann nach meinem Herzen. Er ist ein militanter Verteidiger des Christentums aus jenen großen Tagen des Kampfes, bevor alle so zimperlich wurden." Ganz sicher wird dem Fortschritt des Atheismus nicht durch „zimperliche" Christen Einhalt geboten. Kommt uns daher ein falsch informierter und ungezogener Angriff auf das Christentum zu Augen, so sollten wir es nicht dabei bewenden lassen, empörten Protest einzulegen, sondern sollten uns selbst fragen, inwieweit wir Christen für die Unwissenheit des fraglichen Kritikers verantwortlich sind. Welche Anstrengungen haben wir unternommen, ihn aufzuklären? Ergreifen wir denn wirklich jede vernünftige Gelegenheit, die Aufmerksamkeit derer, die unsere Ansichten oder unser Verhalten falsch darstellen, auf die Tatsachen zu lenken?
Eine zunehmende Anzahl derer, die eine gute Bildung besitzen, nicht nur in meinem Lande, sondern auch in Amerika, wissen wenig mehr über das Christentum als über den Islam. Aus diesem Grunde sollte jede legitime Gelegenheit ergriffen werden, falsche Behauptungen über das Christentum in den Zeitschriften, die sie üblicherweise lesen, richtigzustellen. Es besteht immerhin die Möglichkeit, daß ein Mann, der entdeckt, daß er sich in einem gewaltigen Irrtum über einen Aspekt des Christentums befindet, genügend angeregt wird, sich weitergehende Informationen über das, was einst die Religion seines Landes war, zu verschaffen.
Heute stehen wir vor einem konzentrierten und organisierten Versuch, das Wenige, was noch an christlichem Einfluß in unserm Lande besteht, auszumerzen. Doch gibt es bisher noch keinen Versuch, einen Gegenschlag zu organisieren. Es wird zum Beispiel nur ein sehr unzureichender Gebrauch vom Fernsehen als einem der wirkungsvollsten Propagandamittel gemacht. Ein Mitglied eines Aufnahmeteams, der mich über das Skilaufen interviewte, wurde gefragt, was er von der Darbietung des Christentums im Fernsehen halte. „Zu süßlich", war seine Antwort. Es gibt natürlich auch gute Fernsehsprecher, die alles andere als süßlich sind, wenn sie über das

Christentum reden, aber ich habe im Fernsehen bisher selten einen wirksamen und selbstbewußten Angriff auf den Materialismus erlebt.

Die ökumenische Bewegung war von wirklichem Wert, indem sie freundschaftliche Begegnungen zwischen den verschiedenen Kirchen förderte. Sie ist aber bisher, was den Gegenschlag gegen den Säkularismus betrifft, wenig von Nutzen gewesen. Der Ökumenismus scheint jetzt eine Übereinkunft herbeiführen zu wollen, die auf einer verwässerten Form des Christentums als dem niedrigsten gemeinsamen Nenner beruht. Es ist damit alles andere als streitbar und kann wohl kaum noch christlich im Sinne des Neuen Testaments genannt werden.

Mündliche oder schriftliche Debatten gehören zu den besten Publikationsmethoden für ein offensives Christsein, denn so etwas zieht nicht nur Christen, sondern auch Atheisten an. Kürzlich forderte ich Professor Julian Huxley zu einer schriftlichen Debatte auf. „Meine schriftliche Kontroverse mit J. B. S. Haldane“, schrieb ich, „wurde vom katholischen ‚Buch-des-Monats-Club‘ von Amerika angenommen und meine Kontroverse mit G. C. Coulton: ‚Ist die katholische Kirche antisozial?‘ kam gleichfalls als Buch heraus. Wir Katholiken wissen, daß wir nichts von diesen Kontroversen zu befürchten haben. Sind die säkularen Humanisten in gleicher Weise zuversichtlich?“

Sir Julian lehnte meine Herausforderung ab, verwies mich aber an den Sekretär der britischen Humanistenvereinigung. Ihr Generalsekretär hatte in einer Leserzuschrift an ein Magazin das dringende Bedürfnis nach einem „Dialog“ zum Ausdruck gebracht, ein Modewort für eine erhoffte Diskussion zwischen einem Skeptiker und einem eingeschüchterten Christen. Aber mein Brief an die britische Humanistenvereingung blieb zehn Tage lang unbeantwortet. Als ich anrief, um mich zu versichern, daß er auch wirklich angekommen sei, informierte mich ein sehr höflicher Generalsekretär, daß er meine Herausforderung an verschiedene Humanisten weitergegeben habe, unter ihnen Professor A. J. Ayer, dessen fundamentalistische Reaktion das Andenken an manche biblischen Fundamentalisten erweckte, denn er bestand darauf, daß nichts zu debattieren sei. Der Generalsekretär versicherte mir aber, daß er immer noch nach einem Humanisten suche, der dem Dialog nicht ausweichen werde, nachdem sich seine Gesellschaft in jener Leserzuschrift so stark gemacht hatte. Er erwähnte einen möglichen Partner. „Ich fürchte nur“, sagte er, „er ist ziemlich kämpferisch“. Und mit dieser zutiefst rührenden, aber gewiß verdienten Huldigung an meine im Wesen jedem Konflikt ausweichenden Art schloß die Unterhaltung.

Zu der Zeit, da ich dies niederschreibe, hat die britische Humanistenvereinigung noch niemanden namhaft gemacht, der bereit wäre, meine Herausforderung anzunehmen.

Im zweiten Teil seiner Gifford-Vorlesungen, die unter dem Titel „The Divine Flame“ (Die göttliche Flamme) erschienen, schreibt der Oxforder Zoologe Sir Alister Hardy über das Verhältnis von Wissenschaft und religiöser Erfahrung:
„Seit langem schon vertreten viele, ja vielleicht die meisten Philosophen und Theologen die Meinung, daß Wissenschaft und Religion zwei miteinander unvereinbare Größen seien und der Gedanke eines wissenschaftlichen Zugangs zur Theologie gänzlich absurd sei. Ich stimme dem zu, daß die Wissenschaft mit dem Wesen der Religion nicht mehr gemeinsam hat als mit der gefühlsmäßigen Wirkung, die die Kunst ausübt. Nichtsdestoweniger könnte, so glaube ich, eine wissenschaftliche Theologie als natürliche Theologie der wissenschaftlich denkenden Welt auf dem Wege einer systematischen Erforschung und Zusammenfassung der Tatsachen zeigen, daß überwältigende Beweise für folgendes vorliegen:
1. Es kann gezeigt werden, daß religiöse Erfahrung im menschlichen Verhalten eine wichtige Rolle gespielt hat und immer noch spielt.
2. In dem einschlägigen Material finden sich übereinstimmend gewisse Urtypen religiöser Erfahrung.
3. In vielen Fällen haben Männer und Frauen durch etwas, was sie göttliche Hilfe oder Gnade nannten, das erreicht, was nach ihrem eigenen Zeugnis und dem Zeugnis von Menschen ihrer Umgebung jenseits ihrer normalen Fähigkeiten lag.“
Eine derartige wissenschaftliche Theologie könnte sich nach Alister Hardys Ansicht allerdings erst dann entwickeln, wenn „eine ungeheure Naturgeschichte religiöser Erfahrung“ zusammengetragen worden ist. Dieses Unternehmen ist hinsichtlich der primitiven Völker bereits von verschiedenen Sozialanthropologen in Angriff genommen, in bezug auf die zivilisierten Völker aber noch nicht ernsthaft versucht worden. Hardy weist darauf hin, daß für das Tierreich die Wissenschaft der Ökologie erst aufgrund einer immensen Sammlung von Tatsachen möglich wurde, und sieht denselben Vorgang für diese besondere Untersuchung menschlichen Verhaltens voraus. Hardy stellt fest, daß „die Untersuchung der Religionen primitiver Völker durch Sozialanthropologen, die wirklich etwas von ihrem Fach verstehen, gezeigt hat, daß das hervorragendste Charakteristikum solch elementaren Glaubens in dem Gefühl besteht, in Berührung mit irgendeiner Kraft jenseits des eigenen Ichs zu sein, einer Kraft, von der man, wenn man sich ihr in angemessener Weise nähert, Hilfe und Zuversicht im täglichen

Leben erlangen kann." Er ist überzeugt, daß die Untersuchung des modernen Menschen weitgehend zu denselben Schlüssen führen würde.

Die bekannte englische Publizistin Dr. Barbara Ward, die an der Weltkirchenkonferenz Uppsala 1968 einen der Hauptvorträge über das Thema „Arme und reiche Nationen" hielt, weist in ihrem Buch „Glaube und Freiheit" darauf hin, daß die religiöse Erfahrung eine nicht geringere Beweiskraft beanspruchen darf als solche Phänomene, auf die die Wissenschaft ihre Schlußfolgerungen gründet. Sie schreibt: „Die sichersten Beweise der Religion sind in der Natur der Wirklichkeit begründet — in den Notwendigkeiten der Vernunft, in dem unableitbaren Charakter solcher Begriffe wie Wahrheit und Güte. Da sich jedoch der abendländische Verstand im letzten Jahrhundert immer mehr daran gewöhnt hat, von Beweisen nur im Sinne der pragmatischen Kategorien moderner Wissenschaft zu denken — eine Sache ist dann wahr, wenn sie funktioniert —, so sollte man sich doch daran erinnern, daß es ja auch hier, im Raume pragmatischer Beweise, nicht ohne Glauben abgeht und Glaube und Wissenschaft eine ganz ähnliche Zuordnung zueinander einnehmen wie in der Theologie ...

Ferner: Wenn die Wissenschaft durch Resultate konstituiert wird — und darauf beruht in der Tat ihre Gewißheit —, so gilt dasselbe auch für Wahrheiten des Glaubens. Der experimentelle Test für die Religion ist freilich empfindlicher und weniger stabil als der der Wissenschaft, weil das Rohmaterial — das Herz des Menschen — nicht den selbstverständlichen Gehorsam gegen das Gesetz seiner eigenen Natur zeigt, den wir bei Metallen, Mineralien und auch beim lebenden Gewebe beobachten. Es ist lästig, aber zugleich großartig, daß dieses Material eben ein freies und nicht dressierbares Element in sich hat. So kommt es, daß das Experiment wieder und wieder verpfuscht wird. Wo es aber in den großen Heiligen im Triumph zum Ziele kommt, da erstrahlt der experimentelle Beweis der Religion in einem Licht, das nicht trüber ist als das der Wissenschaft."

Während Sir Arnold Lunn, wie er selbst erklärte, durch ein Studium der Vernunftgründe für das Christentum zum Glauben kam, begann mein eigener vom Agnostizismus zum Glauben mit einem Experiment. Als ich in Oxford Rechtswissenschaften studierte, sagte mir jemand, daß ein solches Experiment möglich sei, daß ich Gott als „Arbeitshypothese" übernehmen sollte. Ich protestierte zunächst dagegen, weil ich schließlich nicht an Gott glaubte. Aber ich mußte doch schließlich zugeben, daß, wenn Gott tatsächlich existierte, mein eigener Glaube oder Unglaube diese Tatsache nicht änderte.

Ich entschloß mich im Sinne eines Experiments alles, was ich von mir selbst wußte, Gott (soviel ich von ihm verstand) zu übergeben und damit anzufangen, die absoluten Maßstäbe der Sittlichkeit — Ehrlichkeit, Reinheit, Selbstlosigkeit und Liebe —, die im Neuen Testament umrissen sind, anzunehmen. Ich sah bald, daß viel aus meinem Leben verschwinden und viel anderes hereinkommen müsse, wenn ich das Experiment auch nur einigermaßen ernsthaft durchführen wollte. Ich machte mich ans Werk, die Dinge in Ordnung zu bringen — Diebstähle und meine Beziehungen zu anderen Menschen zum Beispiel —, die ich selbst wiedergutmachen konnte, und vertraute im übrigen darauf, Gott werde jene Dinge vergeben und zurechtbringen, die ich aus eigener Kraft nicht in Ordnung bringen konnte.

Als mein Experiment seinen Fortgang nahm, begann ich eine Änderung der Motive in mir zu bemerken, zu der ich selbst nicht fähig gewesen wäre. Es folgte eine Änderung in Verhalten und Charakter, die dauerhaft und deutlich genug war, um ein Dutzend anderer Studenten davon zu überzeugen, daß es der Mühe wert sei, dasselbe Experiment zu machen — mit demselben Erfolg. In den Jahren seither habe ich solche Entwicklungen bei buchstäblich Tausenden von Leuten in vielen Ländern beobachtet und habe die Auswirkung solcher Änderung in sozialen, industriellen, nationalen und sogar internationalen Situationen erlebt.

Das Leben des Christen — denn von diesen Anfangserfahrungen schritt ich zur Erkenntnis der rettenden Kraft Christi fort — ist eine fortwährende Reihe von Experimenten oder Handlungen des Glaubens, bei denen er jenseits seiner eigenen Möglichkeiten ist und absolut abhängig von Gott. Er allein gibt ihm Weisheit, Mut oder materielle Hilfe, wie er sie in den immer neuen Lebenslagen braucht. Um die bestimmten „klinisch reinen" Bedingungen, die jedes Experiment voraussetzt, zu behalten, muß man seine Motive sorgfältig überwachen. Man braucht Hingabe und Selbstbeherrschung, die mehr ist als bloße Pflichterfüllung. „Sünde", heißt es, „bindet, blendet, betäubt und vermehrt sich." Deshalb ist auch die „gleichgültige Gesellschaft" die notwendige Konsequenz einer hemmungslosen Generation. „Sünde", so heißt die einfache, aber höchst praktische Faustregel, „ist alles, was sich zwischen dich und Gott oder zwischen dich und einen anderen Menschen stellt". Denn wir sind in jedem Augenblick unseres Lebens Gott ebenso fern wie dem Menschen, mit dem wir uns am meisten entzweit haben.

Die Tat des Glaubens, die aus der Überzeugung hervorgeht: „Wo Gott führt, versorgt er auch“, ist eine Art von Experiment, das die Atheisten nicht hinwegdisputieren können. Ein wohlbezeugtes Beispiel für das Funktionieren dieses Prinzips bietet das Leben *Georg Müllers,* des Waisenhausvaters von Bristol. Er starb 1898. Sein Leben ist erzählt in Piersons Buch „Niemals enttäuscht“. Müller verteilte im Laufe seines Lebens zwei Millionen Bibeln, rüstete mehrere hundert Missionare aus und baute fünf große Waisenhäuser in Amerika, in denen 121 000 Waisenkinder erzogen wurden. Durch seine Hand gingen Spenden in Höhe von einer und einer halben Million Pfund Sterling. Als er sechsundachtzigjährig starb, hinterließ er ganze 1500,— Mark. Müller machte niemals Schulden und kaufte keine Vorräte ein, die er nicht an Ort und Stelle bezahlen konnte. Gott sorgte für alles, aber nur für das, was gerade gebraucht wurde. Er schrieb darüber:

„Eine größere und deutlichere Nähe der Gegenwart des Herrn habe ich nie erlebt als an dem Tage, da wir nach dem Frühstück kein Geld mehr hatten, wo doch mehr als hundert Leute zu Mittag essen mußten; oder als ein andermal nach dem Essen kein Geld für den Tee da war und der Herr auch für den Tee sorgte; und alles das, ohne daß wir auch nur einen Menschen von unseren Bedürfnissen unterrichtet hätten.“

Wenn der Nachschub nur langsam kam, hielt Müller das stets für eine Probe seines Glaubens. War sein Glaube und sein Vertrauen genügend geprüft, sandte Gott mehr: „Und das hat sich bewährt; denn heute erhielt ich die Summe von 2050 Pfund, von denen 2000 Pfund für den Baufonds und 50 Pfund für dringend benötigte Dinge bestimmt sind. Es ist unmöglich, meine Freude in Gott zu beschreiben, als ich diese Gabe erhielt. Ich war weder aufgeregt noch überrascht; denn ich warte darauf, daß meine Gebete erhört werden.“

Durch die Jahrhunderte hindurch, sowohl vor als auch nach der Zeit Georg Müllers, haben Christen aller Kirchen ähnliche Erfahrungen gemacht. *Mutter Theresa* von Kalkutta ist eine von den vielen Christen, die nicht daran zweifeln, daß Gebet und Glaube in der heutigen Welt wirksam sind. In Albanien geboren, ging sie 1929 nach Indien und arbeitete dort als Loretto-Schwester, 1948 begann sie allein und ohne materielle Mittel, für jene verlorenen Sterbenden zu sorgen, die sie auf den Straßen und Abfallplätzen Kalkuttas fand. Zwischen 1952 und 1966 allein sammelten sie und ihre

„Missionarinnen der Barmherzigkeit" — es gibt jetzt mehr als dreihundert — 18 435 jener Ärmsten der Armen auf, die im Sterben lagen, und verhalf der Hälfte davon wieder zum Leben. Ihre Arbeit schließt jetzt die Heilung von Leprakranken und die Fürsorge für Tausende von Kindern ein und hat sich von Kalkutta auf Dutzende von indischen Städten ausgedehnt. Sie erhält keinerlei amtliche Hilfe oder Unterstützungen. „Der Herr läßt uns nie im Stich", sagt sie.

„Wie allgemein bekannt, besteht in der Diakonie heute Nachwuchsmangel", schrieb der Fernsehkommentator Malcolm Muggeridge, der einen Film über die Arbeit Mutter Theresas für das Britische Fernsehen drehte. „Die Erlaubnis, Lippenstift zu benutzen und Miniröcke zu tragen, hat nicht geholfen, diesen Trend umzukehren. Andererseits nehmen die Missionarinnen der Barmherzigkeit in phantastischem Tempo an Zahl zu: Ihr Haus in Kalkutta platzt aus allen Nähten, und jedes Jahr werden drei oder vier neue Unternehmungen begonnen, in Indien und auch anderswo. Die Geschichte des Christentums zeigt es: Bittet man um alles, so wird alles und noch mehr gegeben. Bittet man aber nur um wenig, so bekommt man nichts. Merkwürdig ist nur, daß, obwohl das alles so offensichtlich ist, die Leute heute das Gegenteil für annehmbar halten."[54]

Ein anderes Beispiel, wie dieses Prinzip sich in der modernen Welt auswirkt, gibt die Evangelische Marienschwesternschaft in Darmstadt-Eberstadt. Einiges darüber berichtet das Buch „Realitäten" von M. Basilea Schlink, eine der beiden Gründerinnen der Schwesternschaft, die heute schon Zweigniederlassungen und Stationen in vielen Ländern hat.

„Es geht in diesem Buch", schreibt Mutter Basilea, „nicht um theoretische Abhandlungen über einen Gott, der Wunder tut, sondern um Zeugnisberichte dessen, was der lebendige Gott heute tatsächlich getan hat". Das Buch berichtet, wie die Schwesternschaft, die in den Jahren nach dem Kriege mit nichts anfing, Bauland bekam, eine Kirche, ein geräumiges Mutterhaus und Gästehäuser baute und sich sowie ihre Gäste ausschließlich auf der Grundlage von Gebet und Glauben ernährte.

Seit siebzehn Jahren haben die Schwestern kein Geld für Gegenstände des persönlichen Bedarfs wie Seife, Zahnpasta, Schuhe, Bettwäsche, Handtücher oder Taschentücher mehr ausgegeben. Diese Dinge haben sich, wie damals ihr Baumaterial, immer eingestellt, sobald sie gebraucht wurden. Bis vor neun Jahren kauften sie manchmal Lebensmittel, um das zu ergänzen, was ihnen gegeben wurde oder was in ihrem Garten wuchs. Doch 1959 entschlossen sie sich, in dem Wunsch, immer mehr von Gott abhängig zu sein, keine Lebensmittel mehr zu kaufen. Tag für Tag, Woche für Woche, genau pünktlich, aber manchmal nur ein paar Minuten oder eine Stunde, bevor die Gemeinschaft von achtzig Schwestern mit ihren Gästen zum Essen gehen wollte, traf genug für ihren Bedarf ein.

Mutter Basilea Schlink machte die Bemerkung, daß eine Stellenanzeige für eine Köchin etwa so aussehen müßte: „Es wird eine Kraft gesucht, der allerdings kein Wirtschaftsgeld zur Verfügung steht, dafür aber die Gebetsunterstützung aller Schwestern. Sie muß bereit sein, den Küchenzettel oft nur halbtägig im voraus zu machen, da sie nie wissen kann, was vielleicht an Lebensmitteln in den nächsten Stunden geschenkt wird und über keine Vorräte verfügt. Sie hat also für eine etwa achtzigköpfige Familie zu kochen im Vertrauen auf den himmlischen Vater, der, wenn man ihm um Brot bittet, keinen Stein bietet."

Das Buch ist kein Bericht von leichten Siegen, sondern von täglichen Glaubensakten, von scheinbaren Krisen, die sich wunderbar lösen. M. Basilea Schlink schreibt: „Machen wir uns keine falschen Vorstellungen von Wundern! Niemals folgt gewissermaßen mechanisch auf unsere Bitte die Erfüllung, wie in der Telefonzelle aufs Fallen des zweiten Groschens das Amtszeichen ertönt. Wunder erleben heißt, mit dem lebendigen Gott in Berührung kommen — also mit dem verzehrenden Feuer, das sich mit unserer Sünde nicht verträgt."

Die Schwesternschaft glaubt bewiesen zu haben, daß „es unbedingte Voraussetzungen zum Gebet gibt, deren Nichterfüllung das Gebet hindert". „Das Neue Testament", schreibt Mutter Basilea, „nennt uns einige der Sünden, die solche Gebetshindernisse sind, bei Namen. Dazu gehört vor allem die Übertretung der Zehn Gebote nach der Auslegung Jesu in der Bergpredigt. Es sind dies etwa: Nichtvergebenwollen (Matth. 6, 15); Zorn, Zweifel (1. Tim. 2, 8); alles sinnliche leidenschaftliche Wesen (1. Petr. 3, 7; 4, 8a); wenn wir unsere Sünde nicht voreinander bekennen wollen (Jak. 5, 16); Geiz und Habsucht, denn: ‚Gebet, so wird euch gegeben, ein voll, gerüttelt, überfließend Maß' (Luk. 6, 38); irdischer Sinn, denn: ‚Trachtet am ersten nach dem Reich Gottes und nach seiner Gerechtigkeit, so wird euch solches alles zufallen' (Matth. 6, 33). Gebetshindernis ist also unbereute und nicht bekannte Sünde, von der man sich nicht trennen will."

Ich habe selbst, ungeachtet meiner skeptischen Denkweise, viele Erfahrungen von Gottes Fürsorge nicht nur für mich und meine Familie erlebt, sondern für große Unternehmungen, die größere Zahlen von Menschen und noch größere Summen betrafen als in Georg Müllers Arbeit. Die Arbeit der Moralischen Aufrüstung, mit der ich seit 1932 verbunden bin und derem britischem Verwaltungsrat ich seit dreißig Jahren dienen darf, wird nach denselben Prinzipien finanziert. Keiner ihrer hauptberuflichen Mitarbeiter erhält ein Gehalt, noch wird für eins ihrer weltweiten Unternehmen ein Finanzplan auf der Basis vorhandenen Geldes aufgestellt. Sowohl Einzelpersonen als auch reisende Mannschaften, manchmal Dutzende oder Hunderte von Leuten umfassend, versuchen, den Willen Gottes, so gut sie ihn sehen können, auszuführen, in der zuversichtlichen Hoffnung, daß zur rechten Zeit schon für Geld gesorgt sein werde. Bis jetzt sind diese Hoffnungen noch nie enttäuscht worden, obwohl es wie bei Georg Müller und der Marienschwesternschaft viele Tage und Augenblicke gibt, da der Ausgang einer Sache zweifelhaft zu sein schien.

Diese Erfahrung ist in der Geschichte der Christenheit allezeit so alltäglich gewesen, daß sie eine universale Wahrheit andeutet. Das ist aber nur ein Gebiet, in dem der einfache Mann wie ich seine Glaubenserfahrung machen kann. Steinmetz, der Wissenschaftler des neunzehnten Jahrhunderts und ehemalige Atheist, sagte, bevor er starb: „Die nächsten großen Entdeckungen werden im Bereich des Geistes gemacht werden." Diese Prophezeiung ist noch nicht allgemein sichtbar erfüllt, aber es wird für die Gesundheit des Menschen, ja sogar für sein Überleben, immer dringender, daß das notwendige Experiment jetzt begonnen werde.

„Die Macht des Menschen hat überall zugenommen", sagte Winston Churchill, „nur nicht die Macht des Menschen über sich selbst". Der Mensch, der intellektuell gewachsen ist, muß jetzt auch geistlich und sittlich wachsen — oder er wird untergehen.

VERPFLICHTUNG ZUR OFFENSIVE

Garth Lean

Sören Kierkegaards Prophezeiung, daß „das Christentum vielleicht von Europa genommen wird als die einzige Möglichkeit, die Menschen von seinem Wert zu überzeugen", ist für Osteuropa bereits in Erfüllung gegangen. Dort erkennen sogar die kommunistischen Ideologen, daß es ihnen nicht gelungen ist, den „neuen Menschentyp" hervorzubringen, den ihre Theorie programmatisch vorwegnimmt und den die Revolution braucht, wenn sie von Dauer sein soll. Das Christentum kann diesen Menschen hervorbringen. Die Ironie besteht allerdings darin, daß gerade jetzt, wo die Kommunisten, die nicht an Gott glauben, fühlen, daß sie ihn doch brauchen, die westlichen Nationen, die sich selbst christlich nennen, dabei sind, ihren Glauben zu verlieren.

Oswald Spengler schrieb in seinem Werk über den „Untergang des Abendlandes": „Ihr liegt im Sterben. Ich sehe an euch allen die charakteristischen Merkmale des Zerfalls. Ich kann euch beweisen, daß euer großer Reichtum und eure große Armut, euer Kapitalismus und euer Sozialismus, eure Kriege und eure Revolutionen, euer Atheismus und Pessimismus und auch euer Zynismus, eure Unmoral, eure zerrütteten Ehen, eure Geburtenkontrolle, die euch von der Substanz her ausblutet und euch von eurer geistigen Höhe stürzt — ich kann es euch beweisen, daß dies die Wahrzeichen der Sterbeepoche aller antiken Staaten waren: in Griechenland, in Alexandrien und in dem neurotischen Rom."

Ein Christ, der in den sechziger Jahren aus dem kommunistischen Osten entkam, schreibt: „Ich leide mehr als in einem kommunistischen Gefängnis; denn jetzt sehe ich mit eigenen Augen, wie die westliche Zivilisation stirbt." Der Erfolg des Kommunismus, heißt es, ist niemals größer als das Versagen unseres Glaubens.

Warum geht den Gläubigen so oft das Tempo und das Durchhaltevermögen der Menschen ab, die gegen Gott sind? Christus sagte: „Ihr seid das Salz der Erde. Wenn nun das Salz kraftlos wird, womit soll man's salzen?" (Matth. 5, 13.) Der Sinnzusammenhang in den drei Evangelien macht klar, was ein „gesalzener Christ" ist. Er wird verfolgt — und freut sich darin. Er stellt Christus über seine Familie, die er liebt, und über das Leben selbst. Sein Leben und sein Zeugnis sind auf einen Berg gebaut, für jeden sichtbar. Er ist ein ansteckender Fall. Er ist diszipliniert („Gesalzen mit dem Feuer der Disziplin" war Mahatma Gandhis Lieblingsspruch). Er nimmt sein Kreuz auf sich.

Ein Mann des Westens, der in meiner Generation diese Verpflichtung deutlich, vielleicht deutlicher als viele andere, verkörperte, war einer, der auf dem Wege des Experiments vom Agnostizismus zum Glauben kam. Als ein hartgesottener, manche sagten sogar: boshafter Journalist an der Spitze seines Metiers, ging er eines Tages zu einem Interview mit einem Christen, in der Absicht, ihn und seine Arbeit anschließend lächerlich zu machen. Er kam zurück als einer, der sein Leben Gott übergeben hatte. In den nächsten fünfundzwanzig Jahren vermittelte er durch seine Schauspiele und Bücher und besonders durch seine persönlichen Begegnungen Tausenden, vielleicht Millionen Menschen in allen fünf Kontinenten eine geistliche Erneuerung. Er war Protestant, aber bei seinem Tode gaben sechs Kardinäle und Staatsoberhäupter von fünfzehn Nationen ihren dankbaren Ausdruck für das, was er für sie und die Welt getan hatte. Sein Name war Peter Howard.

Jeder Mensch muß seinen eigenen Weg zu Gott finden und sich von ihm sagen lassen, welchen Auftrag er übernehmen soll, um die Herrschaft Gottes in der Welt auszubreiten. Darüber hinaus gibt es zweifellos eine Verpflichtung, die für jede christliche Erneuerung gleichermaßen wesentlich ist. Peter Howard umriß diese Verpflichtung in moderner Sprache, als er einmal vor einer Konferenz von Geistlichen aller Richtungen sprach. Er sagte u. a.:

„Ich bin ein Revolutionär. Mein Leben gehört nicht mehr mir selber. Für keinen Tag meines weiteren Lebens habe ich irgendwelche vorgefaßten Pläne: wohin ich gehen werde, was ich tun oder nicht tun will, was ich sagen werde oder nicht. Ich möchte mich von Gott brauchen lassen, wenn er mich gebrauchen will...

Es besteht heute in vielen christlichen Kreisen ein Mißverständnis: daß es christlich ist, nett und lieb zueinander zu sein, sanft und den Brüdern ergeben. Ich liebe meine Frau und meine drei Kinder von Herzen, aber keiner dieser Menschen ist mir so wichtig wie Jesus Christus. Er steht an der ersten Stelle in meinem Leben...

Wenn ich ehrlich bin und mich in meinem Leben nach dem Höchsten richte, das Gott mir zeigt, dann ändern sich Menschen. Wenn sich keine Menschen ändern, dann ist irgendwo eine bestimmte, konkrete Sünde, die das verhindert. Wenn durch die Botschaft Christi nicht Millionen von Menschen umgewandelt werden, dann stimmt etwas nicht mit der Art, wie wir Christen unser Christsein leben. Wenn wir wirklich wollten, könnten wir auch die Ursache dafür finden. Denn der Gott, dem ich diene, ist ein Gott, der redet. Nicht jeder Gedanke in meinem Herzen kommt direkt von Gott. Viele Gedanken gewiß nicht. Aber ich weiß aus Erfahrung: Wenn ich Gott mein Herz ehrlich und ohne vorgefaßte Meinung öffne und sage: ‚Was willst du, daß ich tun soll?', dann weiß er mir zu sagen, was er getan haben möchte. Gott zeigt uns auch die Sünde, die uns unwirksam macht, und will uns davon befreien.

Ich meine, ein christlicher Revolutionär sein, heißt ein Kämpfer sein, der jede Situation, in der er sich befindet, revolutioniert. Jeder Nichtchrist in der Welt müßte fragen: ‚Wie mögen die christlichen Völker denken? Was wird ihr nächster Schritt sein? Was haben sie uns zu sagen? Was werden sie als nächstes tun?' Wir sollten in dieser Zeit der Krisen im Brennpunkt des öffentlichen Interesses stehen, anstatt ein Bild der Zwietracht und der Ohnmacht zu bieten."

In einer der letzten Reden, die er vor seiner Abreise nach Peru hielt, wo er starb, sagte Howard:

„Ich halte mich für einen Mann mit vielen Fehlern und Gebrechen. Ich hoffe, daß ich, bevor ich sterbe, so anders geworden sein werde, daß man mich nicht mehr wiedererkennt, und daß ich morgen ganz anders sein werde, als ich heute bin. Geradeso wie ich auch heute anders bin als gestern. Aber ich sage ohne Sentimentalität: Wenn ich jeden Tag damit beginne, daß ich auf Gott höre, das ist eine so spannende und großartige Zeit, auf die ich um keinen Preis verzichten möchte. Es ist, wie wenn da ein großer Schwarm silberglitzernder Fische durch Herz und Verstand blitzen — neue Ideen für Menschen, neue Aspekte für Probleme, tiefere Einsicht in die Tendenzen der Zeit und die nicht billigen, täglichen persönlichen Entscheidungen, die der Preis dafür sind, wenn wir unsere Mannschaft und unser Volk vorwärtsbringen wollen. Ich bin kein großer Fischer; aber ich versuche, einen oder zwei dieser glitzernden Fische zu erwischen, wie sie aus dem Geiste Gottes in den Geist von Männern, Frauen und Kindern wie wir fliegen.

Absolute ethische Maßstäbe sind Führer zum wirklichen Leben. Sie sind wie der Polarstern. Er ist ein Fixpunkt am Firmament. Man hat noch nie gehört, daß ein Schiff je den Polarstern erreicht hätte, aber doch, daß die Seefahrer auf jedem Ozean anhand dieses Sternes ausmachen, wo sie stehen und wohin sie sich wenden müssen. Und für die, die keinen Glauben haben, sind absolute ethische Maßstäbe vielleicht ein guter Ausgangspunkt, wenn sie zusammen mit uns an der Revolution arbeiten wollen, die dieses Land und die Welt verändern wird."

Einige der Früchte der Hingabe Howards überall auf der Erde beschreibt das eben erschienene, von seiner Tochter Anne Wolrige Gordon herausgegebene Buch „Aufbruch zum modernen Menschen — Peter Howard, Leben und Briefe".[55] Es ist ein Buch, das einem unbegrenzt Mut macht; denn es zeigt, was ein Mann unter Gottes Führung tun kann. Es zeigt aber auch, daß der erste Anstoß zu einem so weitreichenden christlichen Lebenswerk wie dem Peter Howards von einem einfachen Menschen ohne irgend vergleichbare Fähigkeiten kommen kann. Ich war selber jener Mann, von dem Howard das Interview haben wollte, im Verlaufe dessen er mit dem Experiment des Glaubens begann.

Vor nicht allzulanger Zeit hatte ich eine betrübliche Begegnung mit einer der führenden Gestalten meiner eigenen Kirche. Eine uns bekannte Dame, eine glänzende Schriftstellerin, die unter seiner geistlichen Leitung gestanden hatte, nahm meine Frau und mich mit zu ihm. Sie hatte ihren Glauben verloren, und in der Folge war auch ihre Familie an den Rand des Zusammenbruchs geraten. Dann fand sie, zum Teil durch Menschen, die sie in unserem Hause traf, ihren Weg zurück zu Gott. Sofort entstand auch eine neue Einigkeit in ihrer Familie.

Der hohe geistliche Herr empfing uns in einer Umgebung von großer Schönheit. Er war freundlich, schien aber ein wenig nervös zu sein. Bald begann er, uns ins Kreuzverhör zu nehmen. „Wie können Sie von sich denken", fragte er, „daß Sie absolut ehrlich und absolut rein seien?" Wir sagten, wir seien überzeugt, daß wir das nicht wären, meinten aber, wenn wir uns nicht nach absoluten moralischen Maßstäben ausrichteten, würden wir progressiv sittlich immer weiter in den Sumpf geraten. Christus sagte: „Ihr sollt vollkommen sein." Wir zitierten auch den amerikanischen Philosophen William Hocking mit seiner Äußerung: „Es ist ein Zeichen der Oberflächlichkeit des Lebens im Westen, daß man die Anerkennung eines Absoluten für Hochmut und die Einschätzung aller Maßstäbe als relativ für Bescheidenheit hält, wenn doch das Umgekehrte genau zutrifft. Denn nur das Absolute greift unsern Stolz an."

Der Prälat ging dann zu der Frage über, ob Gott einen Menschen im zwanzigsten Jahrhundert führen könne. „Warum denken Sie, daß jeder Gedanke, der Ihnen in den Sinn kommt, von Gott stammt?" fragte er. Wir antworteten: „Was veranlaßt Sie zu denken, daß wir das denken?" Dann sagten wir, wir glaubten, Jesus habe seinen Nachfolgern den Heiligen Geist verheißen, und wir könnten vielleicht eher erkennen, was Gottes Wille für uns sei, wenn wir uns jeden Morgen Zeit nähmen, um zu beten und auf ihn zu hören. Franz Sales sagte, eine halbe Stunde Hören sei ein Minimum, ohne das es nicht gehe, außer wenn man besonders beschäftigt sei. Dann brauche man eine ganze Stunde. Wir sagten, wir meinten gewiß nicht, daß alle unsere Gedanken von Gott kämen, aber wir seien ziemlich sicher, daß wir, ohne auf ihn zu hören, noch schlechter abschneiden würden.

„Wie aber", sagte der Kirchenführer weiter, „ist es möglich, daß Sie von einigen, ja sogar von christlichen Leuten gehaßt werden?" Wir antworteten: Die Tatsache, daß wir gehaßt werden, beweist freilich noch nicht, daß wir in der großen Tradition des Christentums stehen. Aber wenn wir von niemandem gehaßt würden, wäre es ein Beweis, daß wir nicht darin stehn."

Eine lange Stille entstand. Dann sagte der Prälat: „Ich verstehe. Es ist das Ärgernis des Kreuzes."

Wir sagten, das möchte so sein, und erzählten ihm dann von dem Strom von Arbeitern, Industriellen, Studenten, Diplomaten, die zu unseren Schauspielen und Veranstaltungen kommen und die anfangen, andere Menschen zu werden. Er hörte uns sorgfältig zu und antwortete: „Wir hier, Mr. Lean, haben eine Strategie der Defensive und kaum das noch."

Ich zweifle nicht daran, daß dieser Mann ein klügerer und besserer Mensch ist, als ich es je sein werde, aber es war erschütternd, daß er sich darein schickte, die Kirche mit all ihrem Reichtum an Menschen, Geld und Gebäuden in der Welt heute nur noch auf dem Rückzug zu sehen.

Was kann ein einfacher Christ tun, um in die Offensive zu gehen? Ich möchte drei Punkte nennen:

1. Sei bereit, als einer zu erscheinen, der anders ist.

Wir haben gesehen, wie Paulus seine Mitchristen ständig als „die Heiligen" bezeichnete, d. h. als solche, die anders sind. Warum sollte ein Kind dieser Zeit Christ werden wollen, wenn wir Christen die ganze Zeit versuchen, so sehr Kinder der Zeit zu werden wie nur möglich?

Justin der Märtyrer schreibt im 2. Jahrhundert: „Viele Heiden haben ihre gewalttätigen, tyrannischen Neigungen verloren, weil sie entweder durch die Beständigkeit, die sie im Leben ihrer christlichen Nachbarn sahen, oder durch die Ehrlichkeit der Gläubigen, mit denen sie Geschäfte abschlossen, überwunden wurden."

Könnte das nicht auch heute geschehen, in allen Geschäften und Gewerkschaften und bei den Verhandlungen, die zwischen Gewerkschaften, Unternehmern und Regierung geführt werden? An einigen Orten geschieht es. Ich kenne Unternehmer, denen die Umwandlung im Leben eines Dockarbeiters oder eines Gewerkschaftsführers einen Schock gab, der sie zur Selbstprüfung führte, und ich kenne Arbeiter, die zu einer Erfahrung des christlichen Glaubens kamen durch eine Bitte um Vergebung von seiten ihres Chefs. Könnte nicht diese Umwandlung des Charakters zu einem Hauptziel aller Verhandlungen werden? Wenn das geschähe, so würde es sich nicht nur auf den augenblicklichen, sondern auch auf alle anderen Dispute auswirken. Freilich werden viele es nicht gerne sehen, wenn wir uns nicht mehr an ihre Regeln halten. Manche Leute werden fuchsteufelswild, wenn man nicht mit ihnen trinkt, raucht oder flirtet. „Ich hasse dich, Sokrates", sagte Alcibiades, der ein ausschweifendes Leben führte, „jedesmal, wenn ich dich treffe, merke ich, wer ich bin." Einige Menschen liebten Jesus, als er auf Erden war, aber viele haßten ihn, und nur wenige ändern sich, ohne daß sie im Verlaufe des Prozesses einmal wild werden.

2. Lebe so, daß du frei wirst, anderen zur Änderung zu helfen.

Das bedeutet, daß man bei sich selbst anfängt. Frank Buchman sagte oft: „Wenn du keine Menschen gewinnst, so ist irgendeine Sünde da." Vor kurzem las ich etwas, das er 1922 einer kleinen Gruppe von dreißig jungen Männern gesagt hatte, dem Kern einer kommenden weltweiten Arbeit: „Sünde ist alles, was mich hindert, im Leben eines anderen Menschen eine Kraft für Christus zu sein.

Vielleicht kann ich das am besten mit einem Buch beschreiben, das ich neulich las. Es handelte von den Stufen des Betrunkenseins. Zuerst ist man oben trunken. Dann kommt das zweite Stadium und dann das dritte. Das erste Stadium sind zwei oder drei Glas. Das zweite Stadium tritt dann ein, wenn die Zunge ‚Amok läuft'. Das dritte Stadium ist, wenn der ganze Mensch ins Schwanken kommt ... Es gab eine Zeit, da verteidigte ich mein Recht auf ein Gläschen und betrachtete es als Einmischung in meine persönliche Freiheit, wenn ich keines haben sollte. Eines Tages nahm ich zwei Jungen in mein Haus, die aus völlig zerrütteten Verhältnissen stammten. Ich erfuhr, daß ihr Vater an Alkoholismus gestorben, daß ihre Mutter trunksüchtig war und daß die beiden aus dem Armenhaus kamen ... Sobald sie ankamen, wußte ich, daß ich nie wieder einen Tropfen Alkohol würde anrühren können. Das heißt nicht, daß es meiner Meinung nach eine Sünde ist, wenn ihr euer Glas trinkt, aber wenn ich an jene anderen denke, so weiß ich, daß ich jedenfalls keines nehmen kann."

Dasselbe Prinzip gilt natürlich auch auf anderen Gebieten, z. B. der Sexualität oder Unehrlichkeit. Für einen revolutionären Christen gibt es so etwas wie eine neutrale Handlung nicht. Sie hilft entweder oder sie hindert, und wenn man anderen helfen möchte, muß man die Konsequenzen für das eigene Leben ziehen. Allein Gott kann Menschen verwandeln; aber wenn ich in Kompromissen lebe, so merke ich nicht auf das Flüstern der Führung Gottes und verliere die Gewißheit, daß Gott jeden Menschen von jeder Schwierigkeit befreien kann.

3. Erwarte, daß Menschen anders werden.

Ich habe viele Menschen wie Peter Howard anders werden sehen. Und doch bin ich immer noch versucht zu zweifeln, ob Gott die Menschen ändern wird, denen ich begegne. Wenn ich so im Zweifel bin, so bedeutet es meist, daß ich an einem bestimmten Punkt mich selbst nicht von Gott ändern lasse — oder daß es mir mehr um die gute Meinung des Menschen geht, den ich treffe, als darum, was Gott für und durch ihn tun möchte.

Die Welt wartet noch sehnsüchtig darauf, zu sehen, was Gott durch, in und mit einem Menschen tun kann, der ihm ganz ergeben ist.

Anmerkungen:

Gebet als Akt des Horchens

Im Zusammenhang eines Artikels in der „Times" (Weihnachten 1968) schrieb jemand unter der Überschrift „Gebet ist Hören, nicht nur Bitten": „Für mich bedeutet Gebet Hören, nicht nur Bitten. Und da die Stimme schwach und die Botschaft sowohl unerwartet wie auch unwillkommen sein kann, braucht es viel Übung und viel Geduld dazu. Diese Haltung lehrt mich den Satz Isaaks von Ninive, eines der Heiligen der griechisch-orthodoxen Kirche, schätzen, der besagt: ‚Gebet ist das Gespräch mit Gott, das im geheimen stattfindet."

Als Peter Howard, wie wir ihn in diesem Kapitel zitierten, vom Hören auf Gott sprach, meinte er, daß man eine bestimmte Zeit — in seinem Fall früh um vier oder fünf Uhr — jeden Tag dafür reservieren sollte. Das ist, wie man weiß, eine alte Übung in der Christenheit.

„Gott hört genauso wenig auf, zu uns zu sprechen, wie die Sonne aufhört zu scheinen", sagte P. Gratry, der heiligmäßige französische Priester vor hundert Jahren. „Wann sollen wir auf ihn hören? Am frühen Morgen, vor den Ablenkungen und Aktivitäten eines arbeitsreichen Tages. Und wie? Schreibe es auf! Schreibe es auf, damit du den Geist in dir bewahren und seine Worte behalten kannst."

Zusatz des Übersetzers:

Ein Beispiel jüngsten Datums für die Forderung dieses Kapitels bietet in der Bundesrepublik die

Offensive Junger Christen

Als im Sommer 1967 die Unruhe der Jugend an den deutschen Hochschulen und Gymnasien ihren ersten Höhepunkt erreichte und scheinbar über Nacht aus einer politisch uninteressierten Generation ein Aufbruch junger Leute geworden war, die Veränderung suchten und forderten, wußten nur wenige von ihnen, wofür sie sich einsetzen wollten. Aber fast alle waren darin einig, daß sie um keinen Preis das materialistische Leben der Erwachsenen mit dem selbstbezogenen Wohlstandsdenken weiterführen wollten.

In einer Zelle von Betern, jüngeren und älteren Christen verschiedenster ökumenischer Herkunft, brach mitten in der Krise die Einsicht durch: „Wären wir Jesus Christus wirklich verpflichtet gewesen und hätten seinen Plan mit unserer Welt so ernst genommen, wie wir oft beteuert haben, dann hätten wir aus Liebe zu ihm anderes gelebt."

Dies offene Eingeständnis des Versagens der Älteren und die Einladung zum rückhaltlosen Dialog mit den Heranwachsenden führte in wenigen Monaten zu einer Bewegung, die unter dem Namen „Offensive Junger Christen" unerwartet schnell Einfluß gewann. Die „Offensive" bot ohne die Forderung von Vorleistungen eine Tagung an „für junge Leute, die mit sich selbst, ihrem Christentum, ihrer Gemeinde und unserer Welt nicht mehr zufrieden sind."

Die Nachfrage war so groß, daß in 24 Monaten 26 weitere Konferenzen folgten. Von den über 2000 Teilnehmern zwischen 18 und 28 Jahren ist nahezu die Hälfte zu einer Erneuerung ihres Lebens auf der Grundlage einer Freundschaft mit Jesus Christus gekommen. Durch das Offensivwerden zahlreicher junger Menschen kam ein neuer Geist in viele Familien im Land. Die Erfahrung von Pastor Fritz von Bodelschwingh wiederholte sich: „Wenn Menschen ehrlich werden, wird Gott wirklich der Herr. Wenn Menschen gehorchen, geschehen Wunder."
Die Verpflichtung zur Teilnahme an der Revolution Christi ist Angriff auf die bestehenden Verhältnisse und eine Verschwörung für das Ziel der Geschichte, daß durch Gottes Geist aus alten Menschen neue geschaffen werden, die nicht mehr für sich selber leben.
Ein von seiner Landeskirche mit der Oberschüler-Arbeit beauftragter Jugendpfarrer besuchte mit einer Gruppe von Primanern das in Bensheim an der Bergstraße eröffnete Arbeitszentrum der Offensive Junger Christen. Nach der Begegnung schrieb er: „Diese Begegnung war ein voller Erfolg, das sagten selbst recht kritische Teilnehmer ... Daß die Gespräche auf so günstiges Echo gestoßen sind, liegt einfach daran, daß Sie Ihren Standpunkt ohne Umschweife bestimmen und vertreten. Unsere kirchliche Anbiederung und unser Leisetreten ist vom Übel ... Damit stehen wir dem Wehen des Heiligen Geistes entgegen, und man glaubt uns weithin auch nicht mehr das Wenige, was wir an Botschaft anzubieten haben. Entschlossenheit für Christus tut not."

In einem kürzlich erschienenen Artikel in der „Times": „Die Unwichtigkeit des Wichtigen in der Kirche", schreibt ein Pfarrer verächtlich von der, wie er es nennt, „Sucht der Wichtigtuerei, die heute anscheinend die Kirche infiziert". Diese „Sucht", stellt er fest, komme aus zwei Quellen — erstens: „von denen, die unendlich überzeugt sind von der Wahrheit des Christentums und seiner Fähigkeit, jedes Problem anzupacken und zu lösen" und zweitens: „von denen, welche die sich schnell ändernde Welt im Auge haben, die der Kirche immer mehr entgleitet, und meinen, die Kirche müsse nur der Welt nachrennen und ihre Nützlichkeit beweisen". Er wirft der ersten Gruppe einen Mangel an Unterscheidungsfähigkeit zwischen dem, was Gott und dem, was dem Kaiser gehört, vor, und der zweiten ein Durchbrennen der Nerven, das „mit der Zerstörung des Christentums und dessen Ersatz durch plattes Nützlichkeits- und Zweckmäßigkeitsdenken endet." „Der Glaube an Christus", klagt er, „ist nicht mehr um seiner selbst willen da, sondern gilt nur noch als nützlich bei der Lösung eines Arbeitskonflikts oder zur Umschulung eines Rassisten."[56]

Man kann dem nur zustimmen. Es gibt in der Ökumene eine starke Theologengruppe, die der Meinung ist, daß das Werk des Heiligen Geistes nicht mehr in der Umwandlung der einzelnen gesehen werden darf, sondern nur noch in säkularen Bewegungen wie dem Kampf für die Bürgerrechte oder den Kommunismus. „Wo die Entwicklung am dynamischsten ist", sagte man, nehme Gott inkognito seinen verborgenen Weg durch die Welt. Das ist auch die Ansicht vieler unter den gewaltfreundlichen „neuen Theologen" in Amerika, von denen bereits die Rede war. Harvey Cox denkt, so sahen wir, wie Camus, „daß ein Mensch erst dann seine volle Aufmerksamkeit dem Kampf für das Recht zuwenden könne", wenn er „den tyrannischen Gott der christlichen Theologie verworfen hat" und „ein ganzer Mensch" geworden ist — ein Vorgang, der die Abschaffung des biblisch christlichen Ethos und die Annahme des Säkularismus einschließt. Jener Pfarrer hat recht, wenn er diese Einstellung als unterchristlich betrachtet. Sie ist im Wesen atheistisch.

Dagegen scheint er selbst zum anderen Extrem überzugehen, wenn er alle Felder sozialer Aktivität der Welt überläßt und den Glauben an Gott nur als eine rein persönliche Angelegenheit betrachtet. Zwei theologische Schulen der Gegenwart sind in der Tat auf verschiedenen Wegen zu eben dieser Schlußfolgerung gekommen: die einen durch einen Rückzug in die reine Jenseitigkeit, die andern durch die Annahme sämtlicher Forderungen des Säkularismus. Beide Haltungen klammern Gott aus der Welt des tätigen Menschen aus. Das scheint eine völlige Verwirrung, wenn nicht gar einen Atheismus in bezug auf große Teile unseres irdischen Lebens anzuzeigen.

Henry Drummond, der Naturhistoriker und große Seelsorger, der Ende des letzten Jahrhunderts mehr Studenten vom Agnostizismus bekehrte als irgendein anderer, gab eine ausgeglichenere Darstellung der Sache, als er schrieb: „Das Schlimmste, das einem Christen nächst dem Verlust des Wissens um einen persönlichen Christus zustoßen kann, ist, kein Verständnis mehr für irgend etwas anderes zu haben. Die selbstzufriedene Meinung, daß Gott nichts in dieser großen, von Kämpfen zerrissenen Welt der Menschen zu suchen habe, außer vielleicht, sich um ein paar gerettete Seelen zu kümmern, bedeutet die Verneinung aller Religion. Der erste große Abschnitt im Leben eines Christen ist es, wenn es ihm nach dem Staunen und Verwundern der Morgendämmerung des Glaubens zum Bewußtsein kommt, daß Gott ein Ziel mit der Menschheit hat, einen Plan, der über den einzelnen Menschen und seine persönlichen Bedürfnisse hinausgeht, auch über Kirchen und Konfessionen hinaus — einen Plan, der jeden Mann und jede Frau umfaßt, jeden Stamm und jede Nation, einen Plan, der nicht nur ihr geistliches Wohl in Betracht zieht, sondern ihre Wohlfahrt in allen Dingen, ihren Fortschritt, ihre Gesundheit, ihre Arbeit, ihren Lohn und ihr Glück in dieser Welt."

Im Rahmen dieses Planes muß die Bedeutung der Schlichtung eines Arbeitskonfliktes oder die Umschulung eines Rassenfanatikers — um nur die Beispiele aus dem „Times"-Artikel anzuführen — gesehen werden. Soziale Gesundung ist kein Ersatz für den Glauben an Christus, sondern ein natürliches Nebenprodukt, wenn man diesen Glauben in der Welt der Menschen lebt.

Das ist der Grund, warum so viele Historiker die großen Sozialreformen aus der englischen Erweckungsbewegung ableiten, wie die Abschaffung der Sklaverei und des Sklavenhandels, Fabrik- und Gefängnisreformen und auch die Tatsache, daß sich die britische Arbeiterbewegung im ganzen neunzehnten Jahrhundert in erster Linie nicht auf der Basis der marxistischen, sondern einer christlichen Weltanschauung entwickelte.

Die Brüder Wesley, die jene Erweckungsbewegung auslösten, wandten sich gewiß auch gegen die Sklaverei und andere soziale Mißstände, aber ihre Hauptaufgabe war es, den Glauben zu predigen, der „selbstsüchtige Menschen selbstlos, Unzufriedene glücklich, Weltkinder fromm, Säufer nüchtern, sinnliche Menschen keusch, Lügner wahrhaftig, Diebe ehrlich, Stolze demütig, Gottlose fromm und Verschwender sparsam machte."

Solche geänderten Menschen werden Arbeiter an sozialen Reformen. Auch ihre Führer, Wilberforce, Shaftesbury, Keir Hardie und die anderen, fanden ihren inneren Antrieb durch eine ähnliche Umwandlung. Sie alle könnten mit Keir Hardie, dem Gründer der Labour Party, sagen: „Im Christentum fand ich die Inspiration, die mich ursprünglich in diese Bewegung trieb und mich seither in ihr getragen hat."

Die „neuen Theologen" möchten uns glauben machen, daß sich solche Änderungen heute nicht mehr ereignen, daß Gott nicht in das Leben von Menschen oder die Ereignisse unserer Zeit eingreift. Um zu sehen, wie sehr sie an den Tatsachen vorbeigehen, braucht man nur einmal das Buch Gabriel Marcels „Hoffnung im Wandel" zu lesen, in dem dieser bedeutende Philosoph Lebensänderungen von heute beschreibt, die ebenso bemerkenswert sind wie die, die wir aus früheren Zeiten kennen.

Unter den „entscheidenden Begegnungen", über die er berichtet — Begegnungen, die „nicht nur einen Wandel persönlicher Ansichten, sondern eine radikale Änderung der ganzen Persönlichkeit bewirkten" — nennt er einen Stahlindustriellen, den Sekretär einer nationalen Gewerkschaft und die Generalsekretärin des Sozialistischen Frauenverbandes, alle aus seinem Heimatland Frankreich; sodann einen Mitbegründer der norwegischen Kommunistischen Partei, einen Ruhrbergmann, dessen Umwandlung in einem sowjetischen Gefangenenlager begann, einen afrikanischen Häuptling, einen kanadischen Industriellen, brasilianische Dockarbeiter und einen japanischen Studentenführer. Die Auswirkungen ihrer Lebensänderung auf ihre Industrien und die größeren Probleme ihrer Länder sind zu umfassend, als daß wir sie hier beschreiben könnten. Aber man kann in Marcels Buch nachlesen, wo er etwa schreibt, er besitze „unwiderlegbare Beweise", daß von diesen Änderungen „eine prägende Kraft auf das politische Leben bestimmter fernöstlicher Länder ausging und daß Staatsmänner, so der Präsident der Philippinen, der Premierminister von Japan u. a., dadurch direkt beeinflußt wurden."

Ich kenne diese Personen und habe einige der „radikalen Veränderungen der ganzen Person", von denen Marcel schreibt, selbst gesehen. Andere Christen werden die Wirklichkeit der Lebensumwandlung, die sie bei Menschen ihres eigenen Gesichtskreises beobachten konnten, ebenso bezeugen können. Derartige Evidenz von überallher ist nötig, wenn der praktische Atheismus derer, die meinen, daß „kein verantwortlicher Mensch heute mehr Gott erfahren kann", widerlegt werden soll.

„Das Christentum", sagte der Erzbischof von Canterbury kürzlich vor Studenten der London School of Economics, „ist der revolutionärste Glaube in der Welt, weil es eine Revolution im Menschen anstellt". Das Großartige daran ist, daß das Christentum dies nicht nur anstrebt, sondern auch erreicht. Die meisten weltlichen Revolutionäre suchen den „neuen Menschentyp", aber mit weniger Erfolg. Shulubin, der alte Kommunist in Alexander Solschenizyns „Krebsstation", sagt: „Wir dachten, es sei genug, die Methoden der Produktion zu ändern, und sofort würden sich die Leute ebenfalls ändern. Aber haben sie sich geändert? Sie dachten nicht daran. Sie haben sich kein bißchen geändert." Der führende norwegische Kommunist, von dem Marcel schreibt, bestätigt diese Einsicht. Er sagte, der neue und bessere Mensch, der auf natürliche Weise mit der Errichtung des Kommunismus entstehen solle, sei der unerledigte Programmpunkt jeder Moskauer Konferenz gewesen, an der er teilnahm. Ganz sicher stellte Stalin, der den Vorsitz bei diesen Konferenzen hatte, weder den neuen Menschen dar, noch wußte er, wie man andere ändern kann. Statt dessen liquidierte er Millionen.

Die studentischen Revolutionäre Europas suchen, wie wir sahen, „ein neues Menschsein, ohne Ausbeutung, schöpferisch, spontan, ungehemmt, gesellig" und hoffen, daß dasselbe, wie die neue Gesellschaft, die sie sich erträumen, aus den Trümmern der alten, die sie zu zerstören hoffen, spontan aufstehen werde. Aber sie haben ihre eigene Generation noch nicht davon überzeugt, daß sie jene Art Menschen hervorgebracht haben, die dafür garantieren kann, daß die Freiheit, von der sie reden, ihre eigene Revolution überleben wird. Eine Gruppe junger Tschechen, die Rudi Dutschke im Frühling 1967 in Berlin besuchte, berichtete: „Wir fanden keinen Kontakt. Diese Leute meinen, sie redeten über revolutionäre Demokratie. Aber wenn man sie gewähren ließe, so ginge es geradewegs wieder in den Stalinismus."[57]

Ganz ähnlich beklagt sich Franz Fanon, der schwarze Psychiater aus Martinique, dessen Buch „Die Verdammten dieser Erde" die Bibel der „Black Power"-Bewegung genannt wurde: „Genossen! Wir müssen für Europa, für uns selbst und für die Menschheit ein neues Blatt der Geschichte aufschlagen. Wir müssen neue Ideen ausarbeiten und einen neuen Menschentyp zustande bringen."

„Das sind mutige und herausfordernde Worte", kommentierte Martin

Luther King. „Aber das Problem besteht darin, daß Fanon und diejenigen, die seine Worte zitieren, neue Ideen ausarbeiten und einen neuen Menschentyp zustande bringen wollen und doch gleichzeitig bereit sind, alte Ideen von Gewalt anzuwenden. Liegt darin nicht ein grundlegender Widerspruch? Gewalt war immer der siamesische Zwilling des Materialismus, das Kennzeichen seiner Größe und seines Elends. Dies ist aber das einzige an der modernen Zivilisation, das ich auf keinen Fall nachahmen möchte."

Niemand ist reaktionärer, heißt es, als der, der die Welt verändern will, aber sich selber nicht — außer vielleicht derjenige, der die Welt überhaupt nicht verändern will. Den Revolutionären und Pseudorevolutionären unserer Tage gegenüber stehen die Millionen und aber Millionen Menschen, die nichts verändert haben wollen, weil sie für sich selbst einen gemütlichen Platz gefunden haben. Jener Pfarrer in der „Times" scheint mit ihnen einig zu sein. Er sagt, jene Sucht nach Wichtigtuerei „sei von dem Zeitgeist gezeugt, der die marxistische Fiktion in sich aufgenommen hat, daß es die Pflicht der Philosophie sei, nicht nur die Welt zu verstehen, sondern sie auch zu verändern." Würde er wohl auch behaupten, daß die, denen aufgetragen wurde zu beten: „Dein Reich komme, dein Wille geschehe auf Erden wie im Himmel", nicht die Aufgabe haben zu versuchen, die Welt zu verändern? Ein solches Gebet ist, sobald es als eine Verpflichtung verstanden wird und nicht nur als eine fromme Phrase oder eine beiläufige Unaufrichtigkeit — eine viel grundsätzlichere Ansage der Revolution als alles, was Marx je geschrieben hat.

Ob es uns faktisch gelingen wird, die Welt zu verändern, steht nicht zur Debatte. „Laßt uns ein Banner aufpflanzen, nach dem sich die Klugen und Aufrichtigen richten können", sagte George Washington, als er über eine große, aber doch geringere Sache als das Vaterunser sprach. Das Schisma, das heute vor der Christenheit steht, wo sich die Kirchen näherkommen, liegt latent in jeder Kirche vor. Auf der einen Seite steht hier eine Ghetto-Philosophie, die den persönlichen Glauben zwar intakt hält, aber wenig oder nichts für die neuen Motive und die Mittel tut, die nötig wären, um das Leben von Millionen Menschen zu retten, die vor der Tyrannei oder dem Hungertode stehen. Auf der anderen Seite steht ein soziales Programm mit nur noch entfernt christlichen Voraussetzungen, das sich jener revolutionären Gewaltanwendung verschreibt, die Christus für seine Jünger ausdrücklich ablehnte.

Das ist, wie andere im nächsten Kapitel untersuchte Behauptungen, eine falsche Alternative. Die vollständige Revolution beginnt damit, die selbstbezogenen Motive des einzelnen umzuwandeln, und findet ihre Fortsetzung darin, daß er seine Beziehungen zu allen Menschen überall verändert. Es geht um ein Programm gesellschaftlicher, nationaler und internationaler Änderung, alles auf der Basis der persönlichen Änderung. Es geht um die größte aller Revolutionen, nämlich die des Kreuzes Christi, das die Welt verändert.

Eine wirksame christliche Offensive wird nicht versäumen, den modischen Trugschluß aufzudecken, der in der Aufstellung falscher Alternativen besteht. Eine falsche Alternative ist eine Behauptung, die darauf hinausläuft, daß wir zwischen zwei Idealen oder zwei politischen Programmen zu wählen hätten, die man aber oft beide akzeptieren kann oder sogar muß. Unser Sprichwort sagt zum Beispiel: „Sei du lieb, Mädchen, laß andere klug sein!“ Manche Mädchen sind aber lieb und klug zugleich.

Falsche Alternativen sind bei Leuten sehr beliebt, denen die Forderungen der christlichen Sittenlehre zu hoch sind und die deshalb behaupten, „Liebe sei wichtiger als Keuschheit“, — als wenn die Unkeuschheit unweigerlich vor Nächstenliebe strahlte und die Keuschen auf jeden Fall lieblos seien. Ein weniger deutliches Beispiel für eine falsche Alternative ist die Unterstellung, wir brauchten uns, wenn wir nur unseren Nächsten lieben, keine Sorgen zu machen, ob wir auch Gott liebten, und brauchten uns eigentlich nicht einmal daran zu erinnern, daß Jesus sagte: „Du sollst lieben Gott, deinen Herrn, von ganzem Herzen, von ganzer Seele und von ganzem Gemüte. Dies ist das vornehmste und größte Gebot. Das andere aber ist dem gleich: Du sollst deinen Nächsten lieben wie dich selbst.“ (Matth. 22, 37.)

Es ist freilich verführerisch, die Pflicht, Gott zu lieben, leicht zu nehmen. Denn Christus verband das Liebesgebot gegen Gott nicht nur mit dem Liebesgebot gegen den Nächsten, sondern auch mit dem Halten seiner Gebote. „Liebet ihr mich, so haltet meine Gebote!“ (Joh. 14, 15), ist eine Vorschrift, die freilich nicht nur von den erklärten Atheisten abgelehnt wird, sondern auch von den modernen Jüngern einer falsch programmierten Christlichkeit, welche die Zehn Gebote durch zehn unverbindliche Vorschläge ersetzen möchten.

Christen, die mehr darauf bedacht sind, die Welt zu besänftigen als zu bekehren, begründen ihre Weigerung, einen wirksamen Beitrag zu christlichem Handeln zu liefern, durch solche faulen Alternativen wie: „Nur durch gelebtes Christentum, nicht durch Worte gewinnt man die Menschen.“ Das Lebenszeugnis der Christen ist freilich sehr wesentlich. Aber die großen Missionare haben das Christsein gelebt *und* darüber gesprochen, und jene, die das Reden über den Glauben abwerten, sind nicht unbedingt erfolgreich darin, Nichtchristen nun allein durch das Beispiel ihres Lebens zu bekehren.

Stanley schrieb einmal über Livingstone: „Wäre ich noch länger bei ihm geblieben, so wäre ich gezwungen gewesen, ein Christ zu werden, und er sprach noch nicht einmal mit mir darüber." Das also war einer von Livingstones Mißerfolgen, aber er bekehrte viele von denen, die nicht nur durch das Beispiel seines Lebens beeinflußt wurden, sondern auch durch die Worte, mit denen er sich zum Christentum bekannte.

Mut ist die grundlegende Tugend, und viele dieser faulen Alternativen sind nur Rationalisierungen der Feigheit, die zutiefst für den Niedergang des Christentums verantwortlich ist. Christus selbst rief sowohl Haß als auch Liebe hervor und sagte seinen Nachfolgern, daß sie ebenfalls gehaßt werden würden. Zu viele Christen möchten unbedingt die streitende durch die beschwichtigende Kirche ersetzen. „Der Dialog", so versichern uns oft Christen, die sich selbst schon haben einschüchtern lassen, „erreicht mehr als Kontroversen". Das Moment der Kontroverse kann aber aus einem ernsthaften Dialog zwischen einem Christen und einem Atheisten, der die Existenz Gottes ablehnt, nicht ausgeklammert werden. „Ist es wirklich richtig", fragte Karl Barth, „dem Dialog mit der Welt den Vorzug zu geben vor der Verkündigung an die Welt?"

Solche eingeschüchterten Christen werden auch unbewußt durch eine falsche Auslegung des Begriffs Demokratie beeinflußt, nämlich von dem Aberglauben an die Unfehlbarkeit der Meinungsumfrage. „Gallup-Christen" fühlen sich bedrückt durch den Niedergang des Christentums, und vieles von dem, was sie schreiben, wird unbewußt von einer Art Rücksichtnahme gesteuert, wie sie eine abgewählte Partei bestimmt: Wie können wir das Parteiprogramm so ändern, daß wir wieder die Mehrheit bekommen?

Für den echten Christen ist die Volksmeinung kein Maßstab für die Wahrheit des Christentums. Sie ist aber oft ein brauchbarer Anhaltspunkt für die Wirksamkeit christlicher Öffentlichkeitsarbeit. Jawohl, Öffentlichkeitsarbeit! Denn unsere Aufgabe besteht darin, der Öffentlichkeit aller Menschen das Evangelium, das heißt die frohe Botschaft, zu vermitteln.

In unserer säkularisierten Gesellschaft besteht die große Mehrheit nicht aus Agnostikern, sondern aus Gleichgültigen. Wenn sie sich nicht interessieren, so fällt das weniger auf sie zurück als auf ihre christlichen Nächsten, die so wenig unternommen haben, um sie an der christlichen Lösung der großen Fragen des Lebens zu interessieren.

Es gibt freilich Leute, denen in erster Linie an der christlichen Lösung gesellschaftlicher Probleme oder aber ihrer persönlichen Schwierigkeiten oder der Nöte eines Menschen, den sie gern haben, gelegen ist. Der christliche

Zugang zu dem Nichtchristen ist ein Problem der Kommunikation — wie man den persönlichen Bedürfnissen jedes einzelnen gerecht wird.

Der Christ muß in der Lage sein, sowohl denen, die von sich sagen, sie seien Rationalisten, auf ihrem eigenen Gebiet zu begegnen als auch denen zu helfen, die Befreiung von der Tyrannei irgendeiner Sünde suchen. Im England des 18. Jahrhunderts gaben beide, Bischof Butler, der die Deisten durch eine rationale Verteidigung des Christentums widerlegte, wie auch John Wesley, dessen Hauptthema Sünde und Erlösung war, einen wesentlichen Beitrag zu der großen Erweckungsbewegung.

„Es gibt zwei Offenbarungsabschnitte innerhalb des christlichen Lebens", schreibt William Barclay, der bekannte Ausleger des Neuen Testaments, „das Offenbarwerden Gottes und das Offenbarwerden unserer selbst. Kein Mensch kennt sich in Wirklichkeit, bis er sich selbst im Lichte der Gegenwart Christi erkennt. Und dann ist er entsetzt über seinen eigenen Anblick. Man kann das auch noch anders sagen: Das Christsein beginnt mit einem Wissen um die Sünde. Es fängt mit der plötzlichen Erkenntnis an, daß so zu leben, wie wir es tun, nicht genug ist. Wir erwachen zur Erkenntnis unserer selbst und werden uns bewußt, daß wir Gott brauchen."
Unsere Aufgabe heute besteht nicht nur darin, die Länder, die einst wenigstens dem Namen nach christlich waren, wiederzugewinnen, sondern auch den Abfall derer zu verhindern, die noch Christen sind, wenn auch Christen ganz am Rande. In der Beackerung dieser wesentlichen Fragen haben nicht nur die großen Heiligen, sondern auch die großen Verteidiger des Glaubens wesentliche Arbeit geleistet. „Ist aber Christus nicht auferstanden, so ist unsere Predigt vergeblich, so ist auch euer Glaube vergeblich" (1. Kor. 15, 14).

Wenn unsere Offensive Erfolg haben soll, so müssen wir die paulinische Reihenfolge beachten. Die moralischen und sonstigen Auswirkungen, wenn einer das Christentum annimmt, sind von ungeheurem Gewicht. Doch warum sollte jemand versuchen wollen, das anspruchsvolle christliche Ethos zu leben, wenn Christus nur ein Mystiker aus Galiläa war, dessen Hoffnung mit ihm zugrunde ging? Wenn Christus nicht auferstanden ist, dann ist unser ganzes Predigen sinnlos. Es ist Sitte, daß der Pfarrer am Ostersonntag über die Auferstehung predigt, aber wie viele Priester und Diener des Wortes legen ihrer Gemeinde auch die Gründe für den Glauben an die Auferstehung dar? Es müßte für die Christen gelten, was in 1. Petr. 3, 15 steht: „Seid allezeit bereit zur Verantwortung vor jedermann, der von euch Grund fordert für die Hoffnung, die in euch ist!“

Es gibt viele Wege, dem Nichtchristen zu begegnen, ebenso wie es verschiedene Behandlungen für verschiedene Patienten gibt. Zwei Wege sind in diesem Buch beschrieben. Der Christ kann sich auf den Weg spezialisieren, der für ihn am leichtesten ist, und andere meiden, wenn er befürchten muß, ihnen nicht gerecht werden zu können. Aber die Andeutung, man müsse sich unbedingt zwischen den verschiedenen Wegen des Umgangs mit Nichtchristen entscheiden, ist ein weiteres Beispiel für eine falsche Alternative. Der Christ, der sich besonders auf die Rationalität des Christentums versteht, hätte vermutlich mehr Hoffnung auf Erfolg, wenn er seinen Argumenten durch das Zeugnis seiner persönlichen Erfahrung Nachdruck verleihen könnte. Alle Verteidiger des Christentums, gleich welcher Herkunft, wären noch wirkungsvoller, wenn sie den persönlichen Grund für die Hoffnung angeben könnten, die in ihnen ist.

Verächtlich ist die allzu verbreitete Tendenz furchtsamer Christen, die überhaupt jeden Versuch, Atheisten für das Christentum zu gewinnen, mißbilligen. Solche Christen fürchten, daß ein kräftiger Angriff auf die säkularen Grundlagen unserer Gesellschaft ihr Leben ziemlich ungemütlich machen würde.

Kennzeichnend für dieses kampfesscheue Christentum war die laute Reaktion eines Mitglieds der „Ökumenischen Gesellschaft“ einer Universität, bei der Arnold Lunn eine Vorlesung hielt. Lunn bat den Sekretär, eine Debatte zwischen ihm und einem säkularen „Humanisten“ zu arrangieren. „Aber nein“, rief jener, „das würde doch nur Feindschaft hervorrufen.“ Dynamisches Christentum ruft in der Tat, das muß man zugeben, manchmal Feindschaft hervor.

Dwight Moody, der bekannte amerikanische Evangelist, wurde einmal auf der Eisenbahn von diesem Typ Christen angesprochen. „Sie sind Moody, nicht wahr?“ rief der Mann aus. „Ihre Methoden gefallen mir gar nicht!“ „Ich bin auch nicht unbedingt zufrieden damit“, sagte Moody. „Aber wie machen Sie denn Leute zu Christen?“ „Oh, ich mache so etwas überhaupt nicht“, war die Antwort. „Na also“, sagte Moody, „dann ziehe ich meine Art der Ihren vor!“

Die Christenheit wird erwachen, wenn die Folgen der Ablehnung Gottes, die jetzt schon so offensichtlich sind, die Menschen zwingen, sich dem einzigen Heilmittel ihrer Leiden zuzuwenden, der Rückkehr zu Gott, und sobald die Anzahl derer, die bereit sind, ihr Leben für die Missionierung der Welt einzusetzen, wesentlich zunimmt. Wie am Beginn der Christenheit, so werden auch in dem großen Kampf heute verschiedene Christen verschiedene Begabungen empfangen, „mancherlei Gaben nach der Gnade, die uns gegeben ist", wie Paulus den ersten Missionaren schrieb (Röm. 12, 6). Deshalb wartet auf uns alle ein unerledigter Auftrag.

Quellennachweis

1 The Observer, 18. 9. 1960
2 Daily Telegraph, 25. 5. 1968
3 Time, 22. 11. 1968
4 Time, 8. 4. 1966
5 Saturday Review, 6. 5. 1967
6 New Statesman, 11. 8. 1967
7 Guardian, 20. 10. 1967
8 The Observer, 6. 12. 1965
9 Weekend Telegraph, 30. 9. 1966
10 The Times, 27. 10. 1967
11 The Times, 24. 3. 1969
12 The Times, 29. 3. 1969
13 B. H. Streeter, Adventure, The Faith
14 Sunday Telegraph, 29. 10. 1967
15 The Times, 13. 7. 1967
16 Daily Express, 31. 7. 1967
17 The Times, 27. 7. 1967
18 The Times, 29. 7. 1967
19 The Times, 28. 7. 1967
20 The Observer, 2. 4. 1967
21 The Saturday Evening Post, August 1967
22 Time, 26. 4. 1968
23 The Observer, 1. 10. 1967
24 Daily Express, 2. 5. 1968
25 Daily Express, 6. 6. 1968
26 Time, 14. 6. 1968
27 The Times, 10. 6. 1968
28 The Observer, 24. 11. 1968
29 The Observer, 27. 10. 1968
30 The Observer, 2. 6. 1968
31 The Sunday Times, 21. 7. 1968
32 The Times, 5. 10. 1968
33 Observer Magazine, 15. 9. 1968
34 Iris, 7. 5. 1969
35 International Times (Zeitung der Hippie-Bewegung), 2. 6. 1967
36 Underground, Nr. 2/69
37 International Times, 14. 11. 1966
38 Encounter, Oktober 1967
39 André Malraux: A profile, Times Saturday Review, 18. 11. 1967
40 Lordrichter Devlin vor der British Psychoanalytical Society, The Times, 10. 11. 1964
41 The Times, 16. 11. 1968
42 Daily Express, 31. 10. 1968
43 Der offizielle Bericht über das Ciba-Symposion: „Man and His Future", London 1963. Vgl. unser Buch „The Cult of Softness", London (Blandford) 1965, S. 64—75
44 New Statesman, 1. 9. 1967
45 Encounter, zitiert in The Times Diary, 19. 11. 1968
46 Time, 3. 3. 1962
47 The Living Church, 18. 7. 1965
48 Christianity Today, 24. 11. 1967
49 New York Times, 3. 1. 1966
50 Vgl. auch J. B. Rhine und J. G. Pratt: Parapsychologie, Grenzwissenschaft der Psyche. Francke-Verlag, Bern — Wissenschaftliche Buchgesellschaft, Darmstadt, 1962
51 Prof. Reinke in: Der Türmer V (Oktober 1902)
52 Natur, 26. 4. 1924
53 Kommunist, Nr. 1/64
54 Catholic Herald, 16. 5. 1969
55 Verlag C. J. Bucher, Luzern und Frankfurt, 1970
56 The Times, 26. 11. 1968
57 Weekend Telegraph, 6. 12. 1968

Harold Brown

Kirche im Ausverkauf?

Protest eines beunruhigten Protestanten

216 Seiten. Paperback

Dieses Buch ist ein Protest, eine heftige Reaktion auf Verhältnisse, mit denen der Verfasser als Geistlicher, Universitätsseelsorger und auch als Christ konfrontiert wurde, als er versuchte, die Botschaft auszurichten, deren sich so viele in der Kirche schämten.

„Sein Engagement in Sachen Glaube ist ebenso überzeugend wie sein Zeugnis für die Botschaft Christi, der er sich klar und ohne Einschränkungen verbunden fühlt. Zwar mögen manche der Ausführungen Browns als Aggressionen verstanden werden, doch spürt man gerade in solchen Passagen die tiefe Sorge des Verfassers um den Bestand der Kirche und die Echtheit des Glaubens.“ Kirchenzeitung Köln.

BRUNNEN-VERLAG · GIESSEN/BASEL